btb

Aus Freude am Lesen

btb

Buch

Die Pfaueninsel ist ein historischer Schauplatz, an dem sich die Höhepunkte und Niederungen preußischer Geschichte auf treffliche Weise festmachen lassen. Mit seinen zauberhaften Abbildungen ist dieses Buch eine zärtliche Liebeserklärung an die eher romantische Seite Preußens und Berlins.

»Dieser Band hat ein geistiges Volumen, dem so viele umfangreiche Geschichtswerke nicht im mindesten entsprechen können.«
Günter Kunert, FAZ

Autor

Der gebürtige Berliner Wolf Jobst Siedler hat sich sowohl als Verleger als auch als Autor einen Namen gemacht. Er zählt zu den wenigen deutschen Autoren, deren Stimme Gewicht hat im kulturellen wie politischen Leben des Landes.

Wolf Jobst Siedler

Auf der Pfaueninsel

Spaziergänge in Preußens Arkadien

btb

Umwelthinweis:
Alle bedruckten Materialien dieses Taschenbuches sind chlorfrei und umweltschonend.

btb Taschenbücher erscheinen im Goldmann Verlag, einem Unternehmen der Verlagsgruppe Bertelsmann.

1. Auflage
Genehmigte Taschenbuchausgabe August 1996

Umschlaggestaltung: Design Team München
Umschlagfoto: AKG Berlin
RK · Herstellung: Ludwig Weidenbeck
Made in Germany
ISBN 3-442-72034-6

Dieser Band wurde im Jahr 1986 geschrieben und im darauffolgenden Jahr veröffentlicht.
Der Autor hat davon abgesehen, den Text zu aktualisieren, weil es sich bei einem Buch dieser Art verbietet, den jeweils neuesten Veränderungen auf der Spur zu sein.

Wenn die Brücken, wenn die Bogen
von der Steppe aufgesogen
und die Burg im Sand verrinnt,
wenn die Häuser leer geworden,
wenn die Heere und die Horden
über unseren Gräbern sind,

Eines kann man nicht vertreiben:
dieser Steine Male bleiben
Löwen noch im Wüstensand,
wenn die Mauern niederbrechen,
werden noch die Trümmer sprechen
von dem grossen Abendland.

Gottfried Benn

Die Geschichte, auch die grosse, verdichtet sich mitunter am kleinen Ort. Die Schlacht von Waterloo, die nicht nur über das Schicksal des Kaisers entschied, sondern die Ordnung Europas für ein halbes Jahrhundert festlegte, zog sich in den Mittagsstunden in dem Kampf um den Gasthof zusammen, der den schicksalhaften Namen Belle Alliance trug; immer wieder wurde er genommen und verloren. Sind noch Steine vorhanden? Suchend wandert man über die Felder bei Brüssel.

Ein dreiviertel Jahrtausend zuvor lagerten beide Heere einen Tag lang am Nebenfluß des Salto, als Konradin sich anschickte, nach dem Erbe der Väter zu greifen. Weder der Staufer noch Karl von Anjou setzten über die hölzerne Brücke, die den tief eingegrabenen Wasserlauf überspannte; wer den Steg beschritt, mußte die eigene Formation auflösen. So ritt der Schwabe an anderer Stelle durch das Bachbett auf jenen Weg, der ihn nach Tagliacozzo und schließlich nach Neapel führte. Aber nirgendwo eine Brücke, kein Fluß, nicht einmal das Steilufer. Versunken, eingeebnet, verweht wie der Jüngling und wie die Staufer.

Die Geschichte ist voller unscheinbarer Plätze

dieser Art, an denen sich, obgleich selber ohne Geschichte, Geschichte vollzogen hat. In diesem Sinne halten Häuser, Bäume und Inseln vielerlei Erinnerungen für den Reisenden bereit, sind Geheimschlüssel zur Öffnung vergangener Welten. Selbst der Wandel von Natur markiert Geschichte. So muß sich der Reisende beim Besuch von Agrigent oder Selinunt stets vergegenwärtigen, daß die Tempelbezirke in alter Zeit inmitten von Buchen- und Eichenwäldern standen. Es ist römische Hinterlassenschaft und maurisches Erbe, was an mediterranem Wuchs heute die Küsten säumt. Tatsächlich nimmt die Seele das Land der Griechen besser als das Auge wahr.

In diesem Sinne läßt sich Geschichte erfahren, wohin immer der Schritt uns führt. So ist der Versuch dieses Bandes als Übung in der Aneignung des Beiläufigen gemeint. Ein belangloser Flecken in der Umgebung Berlins, ein schilfiges Eiland inmitten der Havel, ruft dem inneren Auge Ereignisse herauf, die selbst dessen Geschick berührt haben, der den Namen Pfaueninsel nie gehört hat.

Auch in Miniaturen dieser Art, wie sie der Autor mit einer Erzählung über die Seelower Höhen vor Jahresfrist das erste Mal vorlegte, ließe sich Geschichte erfassen – auf andere, nicht mindere Weise als der des Historikers.

Und immer wieder Feuer über der Insel. Mit schwelendem Brand und beißendem Qualm tritt sie in die Geschichte. Die Rauchsäule steht so hoch über dem schilfigen Dickicht, daß die Leute nicht nur im weiter flußaufwärts gelegenen Kladow, sondern auch unten beim Gut Sakrow, wo man Fasanen- und Pfauenzucht treibt, den schwefligen Geruch schmecken und von dem Unwesen sprechen, das auf dem Eiland getrieben wird, heiklen Prozeduren mit Zaubersprüchen bei Mondlicht.

Der Feuerschein eines ausbrennenden Schiffes erleuchtet weithin die nächtliche Wasserfläche, als sie zum letzten Mal in der Geschichte ist. Ein Kurierflugzeug kreist in Wipfelhöhe um die Ufer, ein Flugboot wassert, Männer paddeln, vom flakkernden Licht explodierender Munition aus dem Dunkel gerissen. Dann ein Maschinengewehr aus der Gegend von Moorlake her, schließlich Stille. Die Insel sinkt ins Dunkle.

Dazwischen liegen drei Jahrhunderte. Bedenkliche Liebesfeste zwischen halben Kindern, die sich zu Eltern machen, sommerliche Idyllen eines Königspaares, dann der Kaiser und der König. Auf dem Kiesgrund vor dem Schloß deklamiert Demoiselle Rachel vor Zar Nikolaus Racines »Phädra«, und der Kaiser küßt der französischen Tragödin im Angesicht der Zarin die Hand und verzeiht, daß sie während der Revolutionsjahre als »Göttin der Freiheit« von der Bühne herab die Marseillaise gesungen. Ein paar Jahrzehnte später, und eintausend Gäste sind auf dem Rasen versammelt. Eine Italienische Nacht, die Regierung hat geladen, Lampions machen die Kronen der Bäume zu Kandelabern, Dutzende von Mädchen in Pagenkostümen der Renaissance geleiten die Ankommenden zu ihren Tischen, darunter die Söhne Mussolinis.

Dann wird Geschichte wieder zu Natur. Schilfumstandene Uferränder, weite Rasenflächen, hier und da Ruinen zerfallender Gebäude und ein paar Pfauen. Das Wärmereservoir der sich weitenden Wasserfläche läßt Bäume zu, wie sie sonst hier oben im Norden nur in Botanischen Gärten gedeihen. Ins Geschichtslose gesunken, ist die Insel wieder, was sie war, bevor sie die Laune eines Prinzen entdeckte – ein Platz für Angler und Spaziergänger und Liebesleute, deren Schiff im Ufergestrüpp Verborgenheit sucht.

Die Insel, wenig mehr als zwölfhundert Meter in der Länge und keine fünfhundert in der Breite, gehört zu jenen Plätzen, die mit den Zeiten ihre Namen wechseln. Als sie, Mitte des siebzehnten Jahrhunderts aus der Namenlosigkeit auftaucht, nennen die Leute sie Kaninchenwerder, weil der Große Kurfürst, der Sieger von Fehrbellin, hier wie überall im Lande »Canienengärten« angelegt hat, wozu ein stattliches Hegerhaus gebaut worden ist. Bei sechs Groschen das Stück und achthundert Kaninchen erwirtschaftete man zweihundert Thaler im Jahr für die Kurfürstliche Kasse.

Insel und Zucht gehören zu dem am westlichen Ufer gelegenen »Churfürstlichen Lustgut Glincken«, dessen Mitte ein Jagdschloß ist, das man dann in den folgenden zweieinhalb Jahrhunderten immer wieder umbauen wird, bis es Anfang des zwanzigsten jene Mißgestalt erhält, in der es heute seine Besucher empfängt.

Es gibt Schlösser im Abgelegenen und sogar Unauffindbaren, zu denen ihre Bewohner Wege ziehen und Alleen bauen lassen müssen; andere verdanken ihr Dasein bequemen Chausseen, die den fürstlichen Besitzern ein leichtes Hingelangen ermöglichen. Das eine trifft für manche italienische Villen zu, das andere für die meisten märkischen Landsitze. An längst vorhandenen Landstraßen liegen sie wie aufgereiht, zumal an dem Weg, der von Berlin nach Potsdam oder mitunter, wie unter Friedrich, von Potsdam nach Berlin führt.

Zuerst also ist das alte Jagdschloß Glincken da, spät erst tritt gleich gegenüber auf der anderen Seite der Chaussee, die jeder von Berlin kommende Reisende nach Potsdam nehmen muß, das neue Klein-Glienicke hinzu, und schließlich, einen Steinwurf weiter stromabwärts, das vorletzte Schloß, das sich Preußens Dynastie baut, Babelsberg, im schottischen Tudor-Stil. Hier wird der zur Abdankung entschlossene König Bismarck zum Ministerpräsidenten machen. Die preußischen Dinge nehmen eine Wendung ins Große, aber nachher weiß man nicht, ob das ein Glück war.

Noch ein Schloß werden sich die Hohenzollern bauen, gleich drüben auf der anderen Seite, am Jungfern-See. Aber das geschieht schon im ersten Großen Krieg, der das Ende der Monarchie bringen wird. Der Kronprinz, der es im englischen Landhausstil erbaut und es, als er 1917 einzieht, nach seiner Frau »Cecilienhof« nennt, wird nicht mehr auf den Thron kommen; aber er wohnt hier bis in das Ende des zweiten großen Krieges hinein. Dann kommen drei alte Männer und schaffen nicht nur Preußen, sondern das Deutsche Reich ab. Das Spiel ist zu Ende, das sich hier in der milden Seen-

und Hügellandschaft seine Märchenwelt geschaffen hatte.

Die lehmige Landstraße, die seit ewigen Zeiten die beiden Residenzen verbindet, führt gerade an dieser Stelle über den Fluß, weil der sich hier auf Steinwurfweite verengt. Die massiven Bohlen des Brückenwerks, das ja nicht nur die Gespanne der Fuhrleute und die Wagen der Hofgesellschaft aushalten muß, sondern auch die Hufe der Potsdamer Schwadronen, werden seit fast zweihundert Jahren schon immer wieder geteert und erneuert. In den Jahrhunderten zuvor besorgte ein Fährmann das Übersetzen.

Es wird noch einmal zwei Jahrhunderte dauern, bis die schweren Balken den Quadern einer Steinbrücke Platz machen, die der königliche Baurat Schinkel selber gezeichnet hat. Übrigens wird sie weit kürzer halten als das Holzwerk zuvor; sehr bald schon muß sie des unaufhörlich steigenden Verkehrs zwischen Potsdam und Berlin wegen durch eine moderne Eisenkonstruktion ersetzt werden, die heute, wo das drübige Ufer mit Grenzwehren und Wachtürmen verriegelt ist, »Brücke der Einheit« heißt.

Das Eiland, um das es geht, wird also kurz nach dem Dreißigjährigen Krieg Kaninchenwerder genannt. Aber das ist nur ein Volksausdruck, soviel Berechtigung er auch haben mag. In alten Karten heißt es »Pauwerder«, und einmal taucht die nutzlose Fläche im Wasser als »Zu den Pfauen« auf, obwohl keine Urkunde zu sagen weiß, welche Besonderheit es mit dem Namen hat. Der höfische Vogel ist in keinerlei Zusammenhang mit den paar Quadratmetern mitten im gemächlich dahinfließenden Wasser der Havel zu bringen.

Vielleicht aber hat es am Ende doch seine Richtigkeit mit der Benennung, denn die beiden Schwesterinseln »Lindwerder« und »Schwanenwerder« tragen ihre Namen ja auch zu Recht. Wie die eine seit Jahrhunderten kleinblättrige Winterlinden trägt, die eigentlich hier gar nichts zu suchen haben, weil der sandige Boden sonst nur Stieleichen und Kiefern hergibt, so ist die andere tatsächlich seit alters Heimstatt der Havelschwäne, die hier noch zu Hause sind, als Jahrhunderte später neue, von ganz woanders her kommende Herren auf der Insel eine so sonderbare Sache wie eine »Reichsbräuteschule« einrichten.

Alexander von Humboldt, dessen Vater freundschaftlichen Umgang mit dem Prinzen hatte, der Friedrich auf dem Thron folgte und die Meile zwischen dem Ufer des Heiligen Sees und dem Saum der Pfaueninsel so liebte, daß er sich als König hier das »Marmorpalais« und dort das »Ruinenschloß« bauen ließ, hält es für möglich, daß sich die Dinge hier einmal umgekehrt wie sonst im Lauf der Welt vollzogen haben: daß nämlich der Name eher als die Sache da war. Es will ihm denkbar erscheinen, daß seines Vaters hoher Freund des schon vorhandenen Namens wegen Pfauen auf die Insel bringen ließ, vielleicht von der Fasanerie des Gutes Sakrow, wohin es ja nur eine halbe Stunde zu rudern war.

Aber bis die Pfauen kommen, so oder so, ist es noch lange hin, ein ganzes Jahrhundert. Vorläufig hat sie den Namen, aber nicht die Tiere. Jetzt schreibt man das Jahr 1685, und gerade hat der »Churfürst« vom Lustschloß Glyncken drüben, Brandenburgs Großer Kurfürst, die Insel einem Chemiker und Laboranten überschrieben, der durch allerlei Experimente mit dem gerade entdeckten Phosphor, einer Substanz, die die Dinge leuchten läßt, von sich reden macht. Und in der Schenkungsurkunde heißt das Eiland, das in Wirklichkeit doch nur Rohrdrosseln, Schnepfen und Wildkaninchen trägt, »Pfau-Werder«.

Der Schwarzkünstler und Zaubermeister, der vorher in den Diensten des Herzogs von Lauenburg und des Kurfürsten von Sachsen gestanden hat, erhält eine Genehmigung, die im Grunde wohl die Bedingung seiner Anstellung gewesen ist, nämlich auf der abgelegenen Insel eine Kristallglashütte und ein geheimes Laboratorium anzulegen. Die Werkstatt des Johann Kunkel ist dem Kurfürsten so wichtig, daß er das Betreten des Platzes jedermann »bei Strafe« untersagt. Aber es soll auch niemand von den Bediensteten des Kunkel heruntermüssen, um etwa in Kladow, zu dessen Lehnschulzen der Kurfürst, der erste Friedrich Wilhelm, den Kunkel ernennt, Besorgungen zu machen.

Deshalb erhält der Glasgießer, dem übrigens die Insel für Kinder und Kindeskinder übereignet wird, das Recht, zum Bau einer Mühle, zum »freien Backen und Brauen« und sogar zum eigenen Branntweinbrennen. Der Geruch von geschmolzenen Tinkturen und allerlei Fusel streicht über die ganze Insel. Sie als Arbeitsplatz zu erhalten, war eine Gunstbezeigung gewesen; jetzt ist es ein Privileg, sie zu verlassen und zu betreten.

Es ist allein der Kurfürst, der vom schräg gegenüber gelegenen Potsdam immer wieder in seiner Staatsbarke herüberkommt – und zwar »für viele Stunden« –, um die neuesten Hervorbringungen der alchimistischen Glashütte in Augenschein zu nehmen. Mittlerweile weiß sie ein Rubinglas von solcher Leuchtkraft herzustellen, daß der Kurfürst dem Kunkel die Ehre erweist, ihn zum Kammerdiener zu ernennen, was mit einem Sondersalär verbunden ist. Vor allem aber darf er als einziger in allen brandenburgischen Landen zwischen Rhein und Memel solches Glas herstellen und sogar einführen, sofern derlei Künste auch anderen Orts gehandhabt werden. Auch ist er von allen Diensten und Abgaben für alle Zeiten befreit.

So qualmt und stinkt es ziemlich genau zehn Jahre auf Pfau-Werder und mitunter sogar im Schloß zu Potsdam. Denn Kunkel muß für seinen kriegstüchtigen Herrn allerlei Glasgefäße, Röhren, Tiegel und Zylinder anfertigen, mit denen der Landesherr, die entflammbare Perücke abgenommen, auf eigene Faust Experimente anstellt, aus denen sich aber allem Anschein nach nicht viel mehr als Zischen, Sieden und übelriechender Dampf gewinnen läßt.

Das sind Vergnügungen, wie sie große Herren im Barock lieben, an allen Höfen gibt es dergleichen Gelehrte, die nach mancherlei Elixieren suchen. Aber es sind kostspielige Vergnügungen, und als der Kurfürst stirbt, wird Kunkel von den Räten des neuen Landesherrn peinlich befragt, welchen Nutzen das aufwendige Tun denn gehabt habe. Kunkel gibt eine Antwort, deren Offenheit ihrer Vernünftigkeit entspricht: »Der hochselige Herr Kurfürst war ein Liebhaber von seltenen und kuriosen Dingen und freute sich, wenn etwas zustande gebracht wurde, *was schön und zierlich war.* Was dieses *genützt* hat, diese Frage kann ich nicht beantworten.« Bescheidener und bündiger ist nie vom praktischen Nutzen des Schönen gesprochen worden.

Aber der Kurfürst war nicht nur ein wissensdurstiger, sondern auch ein unternehmungslustiger Herr, und vielleicht hätten die leuchtenden Perlen und schillernden Glasketten am Ende sogar praktischen Nutzen gehabt. Manche der schimmernden »Glasflüsse«, Korallen genannt, gingen nämlich an die Brandenburg Guinea'sche Compagnie, deren Kauffahrteischiffe von Emden nach Afrika fuhren, wo man in eigenen Forts mit den Eingeborenen Tauschhandel betrieb.

Aus all dem ist nicht viel geworden, nicht aus den

brandenburgischen Kolonien in Guinea und nicht aus der Gewinnung von »Kunstsmaragden« auf Pauenwerder. Nur die lampentragenden Mohren auf den Treppenabsätzen des Potsdamer Stadtschlosses hielten bis gestern die Erinnerung an Guinea, den Kurfürsten und Kunkel wach.

Doch, noch etwas hält den Mann und seine Kunst im Gedächtnis. Da, unter den alten Bäumen, läßt sich mit einigem guten Willen die Feuergrube ausfindig machen, wo Kunkel auf seinen Kesseln und Pfannen das Blei schmolz und mit flüssigem Sand mischte, und hier, an der nordöstlichen Seite der Insel zwischen Jagdschirm und Meierei, sind die Spuren der Katastrophe zu sehen, die eines Nachts alles einäscherte.

Der Himmel zeigt bis in die Morgenstunden hinein den Widerschein des Flammensturms, der alles bis auf den Grund niederbrennt, die Glashütte, die Schmelzöfen, die Maschinenhäuser zur Erzeugung von Druckluft. Bei soviel Brennbarem steigt die Feuersäule hoch über die Baumwipfel, und da der Wind von Norden steht, fliegen die Funken bis nach Moorlake auf der östlichen und Sakrow auf der westlichen Seite der Havel.

Kunkel, durch den Tod des Kurfürsten ohnehin seines Gönners beraubt, ist ruiniert; innerlich ist er schon auf dem Wege nach Stockholm, um in schwedische Dienste zu treten. Jetzt aber muß er erst einmal Strafe erleiden und Schulden begleichen. Es bleibt ihm nichts anderes, als bei dem Sohn seines Herrn, dem buckligen, aber prunkliebenden Friedrich III., um Genehmigung einzukommen, sein Stadthaus in Berlin verkaufen zu dürfen. Das Verfahren zieht sich hin, doch dann findet man heraus, daß jenes Grundstück nach Abbruch des Kunkelschen Hauses einen vorzüglichen Bauplatz für eine Kirche abgeben würde, und so wird dem Gesuch stattgegeben. Wer heute das wüste Gelände durchmißt, das einmal Berlin war, begegnet beim Anblick der Parochialkirche dem Gedächtnis Kunkels.

Der aber ist da schon längst auf dem Wege nach Norden. Ärmer als er gekommen, verläßt er Brandenburg. Aber keine Sorge, er macht sein Glück. Der schwedische Hof weiß seine Künste mehr zu schätzen als der Berliner. Keine Rede mehr von der Ernennung zum Kammer*diener* als Zeichen der Gnade. Nur ein paar Jahre noch, und der Stockholmer König erhebt den Alchimisten in den Adelsstand; jetzt heißt er Kunckel von Lövenstjern.

Die Insel, auf so sonderbare Weise aus ihrem Kaninchen-Dasein gerissen, wird wieder Wildnis. Es braucht nicht viele Jahre, daß die Natur in Erinnerung bringt, wie schnell sie das ihr durch Menschenhand Genommene wieder in Besitz zu nehmen versteht. Der Steg, wo die Lustyacht des Kurfürsten anlegte, ist schon ein paar Dutzend Jahre später vermodert, dann nicht mehr aufzufinden;

die paar Havelfischer, die sich unter den Bäumen ein Reisigfeuer machen, müssen ihre Boote durch das Schilf hindurch auf die verwilderte Wiese ziehen.

Das Hegerhaus der Kaninchenzucht war bereits zu Kunkels Zeiten verfallen. Jetzt überwuchern Wegerich und Zichorie sein eigenes Mauerwerk, das die Feuersbrunst überstand. Rankenwerk überzieht die Schuttberge, Birken säen sich aus, Distelgestrüpp und Robiniengebüsch machen den Platz unkenntlich, wo eben noch der Landesherr mit seinem Chemiker dem Fluß des farbigen Glases zusah. Längst sind die Wiesen zu Dickicht geworden, immer undurchdringlicher der Schilfgürtel, nirgendwo ein Platz zum Anlanden mehr.

Eben das soll ihr Glück ausmachen, wenn es denn Glück für Natur ist, entdeckt zu werden. Einhundert Jahre sind vergangen, der Bucklichte hat sich im fernen Königsberg die Königskrone aufgesetzt und aus dem Kurfürst Friedrich III. ist König Friedrich I. geworden. Dann ist sein Sohn ein mächtiger Herr mit einer großen Armee geworden, die ihm so kostbar ist, daß er sie vor jedem Kriege schützt. Nun ist auch dessen Sohn, Preußens großer Friedrich, ein alter übellauniger Mann; siegreiche Kriege, die wenig frohe Stunden brachten, lange Friedensjahre mit nichts als Plackerei, steife Glieder, misanthropische Stimmungen.

Die Mißgelauntheit bezieht sich auch auf seinen

Neffen, den Thronfolger. Der Prinz, wieder ein Friedrich Wilhelm, ist zwar ein Bild von einem Mann, körperlich hochaufgeschossen und beweglichen Geistes, und in den letzten Schlachten des Siebenjährigen Krieges hat der Achtzehnjährige eine solche persönliche Tapferkeit gezeigt, daß ihm der König befehlen mußte, aus der Feuerlinie zu gehen. Niemand aber kann sich ein Bild machen, was man im Grunde von dem jungen Mann zu halten hat, der ein blendender Reiter und ein leidenschaftlicher Jäger ist, sich jedoch zu keiner dauernden Mühe bequemen will.

Als Friedrich seinen Neffen nach St. Petersburg schickt, damit er dort den günstigen Eindruck verwischt, den Österreichs neuer Herrscher Joseph II. hinterlassen hat, zeigt sich der Liebhaber der Zarin, der Graf Potemkin, sehr angetan von dem angenehmen jungen Mann, der den Damen am Hof die Cour macht und vor allem eine enge Beziehung zu dem Großfürsten-Thronfolger herzustellen weiß. Katharina allerdings ist nach anfänglichem Enthusiasmus halb ennuyiert, halb degoutiert. Diese Verbindung von Langerweile und zur Schau getragener Würde nennt sie »eine mordsdämliche Mischung« von Bigotterie, Ehrbarkeit und Sinnlichkeit.

So ist die Reise kein sonderlicher Erfolg, weder in St. Petersburg, noch in Potsdam. Der König ist einerseits klarsichtig und andererseits ungerecht; es kommt so weit, daß ihn alles an dem jungen

Mann reizt, der sein Preußen übernehmen soll. Schon im Winterquartier zu Breslau hat ihn Friedrich Wilhelms Neigung zu Liebeshändeln und Bratschenspiel gestört; jetzt hat er die Flötenwelt der eigenen Jugend ganz und gar vergessen und ist aufs höchste aufgebracht, daß der Prinz eine unbezwingliche Neigung zum Cello entwickelt. Schließlich kann der Prinz es tatsächlich mit den ersten Musikern aufnehmen, und noch als König wird er mit den Hof-Musici Konzerte geben.

Weiß der König, daß die unbezähmbare Lust des Thronfolgers nicht nur auf Sinnliches, sondern auch auf Übersinnliches geht? Als Boswell in diesem Jahr, dem letzten des Siebenjährigen Krieges, durch Deutschland reist, findet er die adlige wie die bürgerliche Gesellschaft »mit Todesfurcht, Sinnenlust und Weltschmerz« beschäftigt. Der Prinz allerdings übertreibt es ein wenig in allen dreien.

Als Halbwüchsiger schon hat er eine Affäre nach der anderen mit französischen Komödiantinnen, Wäschermädchen und anderen Personen niederen Standes; daneben aber beherrscht ihn eine Sehnsucht nach den Geheimnissen des Jenseitigen, die ihn in alle möglichen geheimen Gesellschaften führt. Während Friedrich, in allem Geschmacklichen bei seiner Jugend stehengeblieben, noch immer Voltaire liest, schwärmt der Thronfolger für Shakespeare, sucht in die Welt Kants einzudringen und korrespondiert mit Haydn. Elf Jahre wird er nur König sein, schon 1797 stirbt er, aber er führt, wollüstig auf Fleischliches und Geistiges, eine neue Epoche herauf. Sinnlich und sensibel ist er, mit der Lust auf immer neue Erfahrungen, nicht nur, was weiße Arme anbelangt.

Wird man es glauben, daß er der dreizehnjährigen Wilhelmine Enke, der Tochter eines Hofmusikanten, mit der sich der junge Prinz zur Pfaueninsel hinüberrudern läßt, so sturm- und drangmäßig verfallen ist, daß die beiden sich, königliche Bürgerkinder, die Adern aufschneiden, um mit dem eigenen Blut Treueschwüre aufs Papier zu schreiben? Die Kleine ist so sehr bei der Sache, daß sie viel zu tief in das eigene Fleisch schneidet; ein Leben lang wird eine Narbe das romantische Gelöbnis in Erinnerung halten. Zwei Werther-Kinder, Jahre bevor der »Werther« geschrieben wird.

Der Schilfgürtel ist undurchdringlich, kein Auge kann die beiden verfolgen, auch die Spione nicht, die der König auf den Neffen angesetzt hat, weil er Sorge hat, der Liederliche könnte auf dem Lager mit französischen Actricen Staatsgeheimnisse ausplaudern. Der zwölfjährige Gärtnerbursche Hannes, der sie hinüberrudert, muß in seinem Nachen bleiben, und da liegen die Kinder denn auf Kunkels Wiese, und wenn sie genug voneinander haben, liest Preußens künftiger König der Kleinen Shakespeare und Vergil vor und zeigt ihr Kupferstiche von Houdon, dem neuen französischen Sculpteur. Ihm ist wohl, wenn Dasein irgend Wohlsein ist.

STADTSCHLOSS POTSDAM *Ganze 6.000 Einwohner hatte Potsdam zu Anfang des 18. Jahrhunderts, ein Landstädtchen mit ein wenig Manufaktur, viel Ackerbau und vor allem Fischfang. Die alte kurfürstliche Stadt und ihr Schloß machten nicht viel her im europäischen Maßstab, nicht nur, wenn man Louvre, Hofburg und Windsor-Castle dagegen hält. Das alte Schloß, 1660-82 von de la Chieze er-*

richtet, erhielt erst durch Knobelsdorff jene Gestalt, in der es dauerte, bis die Bomber es in der Aprilnacht 1945 ausbrannten und der ostdeutsche Staat es 1960/61 sprengte. Aber die zweite Residenz der Preußenkönige blieb lange eine ländliche Residenz, milde am Ufer des Wassers zu Füßen der Havelberge gelegen. Kupferstich, um 1750

GLIENICKER BRÜCKE *Lange hatte ein Fährmann die Reisenden übergesetzt, die von Berlin nach Potsdam wollten. Eine Holzbrücke überspannte die Havel, deren Hebeteil die königlichen Fregatten und ländlichen Schuten passieren ließ. Erst 1820 wurde das Jahrhunderte alte Bauwerk durch die gemauerten Bögen einer Brücke ersetzt, die der*

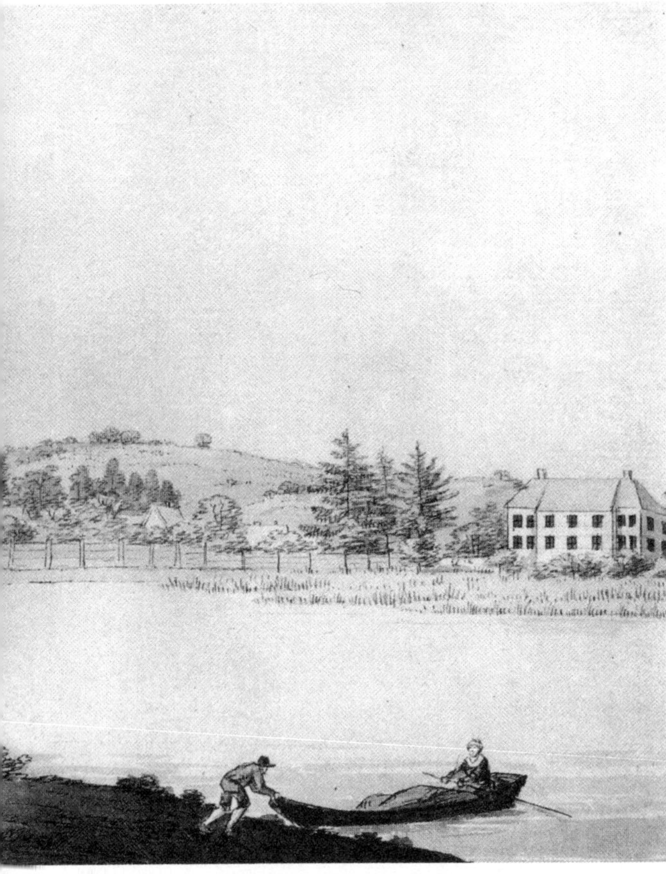

Königliche Oberbaurat Schinkel entworfen hatte. Aber schon nach einem Dreivierteljahrhundert mußten die eleganten Quadern einer modernen Eisenkonstruktion weichen, die heute, wo hier der Weg nach Drüben mit Drahtverhauen, Mauern und Beobachtungstürmen verstellt ist, »Brücke der Einheit« heißt. Aquarell von Nagel

SANSSOUCI *Was Rheinsberg für Friedrich in der Kronprinzenzeit gewesen war, wurde Sanssouci für den König. 1745-47 von Knobelsdorff nach eigenhändigen Zeichnungen des Bauherrn errichtet, war es ein Ort fern der geschäftigen Bürgerstädte Berlin und Potsdam und doch nahe genug, um in einem Ritt von ein paar Stunden hinzugelangen. Die Hügel über den vielen Wassern waren weithin als*

Weinberge genutzt, und der König stellte sein »Schlößchen« bewußt in sie hinein, wie er ja auch den Anblick der Maultiere liebte, die mit den Mehlsäcken aus der Mühle von Sanssouci an seinen Fenstern vorbeizogen. Die Rokokowelt hatte den »grand goût« des Barocks abgelöst.

Gemälde von G.W. v. Knobelsdorff, 1750

Neues Palais *Die Legende will, daß Friedrichs Neues Palais die Kreditfähigkeit des durch den Siebenjährigen Krieg nahezu ruinierten Preußens demonstrieren und dem daniederliegenden Handwerk aufhelfen sollte. Aber die Idee dieses größten Schlosses der Friderizianischen Epoche ist schon vor dem großen Krieg da, der vielmehr deren Ausführung verhindert. Der Raub Schlesiens hat aus Brandenburg endgültig Preußen gemacht, ein europäisches Ereig-*

nis. Das will das Neue Palais, 1763-69 nach Anweisungen des Königs von Büring und Manger errichtet, der Welt vor Augen führen, wie im nahen Berlin das Forum Fridericianum, mit dem Berlin die Residenzen der Großmächte Sankt Petersburg, Wien und Paris in die Schranken fordert, obwohl es doch noch immer der Habenichts unter den alten Mächten ist. Gemälde von K.Ch.W. Baron, 1775

Das Röhricht ist undurchdringlich, nur Wildvögel hier, Schnepfen und Rohrdrosseln. Kein Rauch und kein Zischen mehr, nur Gurren und Balzen. Die Schuten, die von Werder Obst und von Glindow Ziegel nach Berlin bringen, ziehen, die bauchigen Rahsegel geschwellt, der Untiefen wegen in sicherer Entfernung am jenseitigen Ufer vorüber.

Aber noch immer herrscht der alte König jenseits des Wassers in Sanssouci, wo er gerade das Neue Palais aufführen läßt, das er vor dem Krieg plante und nun nach dessen leidlichem Ausgang baut. Der König ist, als er jung war, kühn gewesen, im Krieg wie in der Kunst. Nun soll alles sein, wie es immer war. Er hat sehr viel Glück gehabt, der freche Raub Schlesiens ist gelungen, nun gilt seine Hauptsorge dem Schlaf der Welt. »Das Beste«, schreibt er gerade, ein Jahr vor seinem Tode, dem Kabinettsminister Graf Finck von Finckenstein, »was wir tun können, ist, uns nicht zu rühren und uns ruhig zu verhalten.«

Das ist, sieht man es bei Lichte, sein Ratschluß in allen Dingen; alles soll sein, wie es immer war, auch beim Bauen. Früh hat er sich seinen Geschmack gebildet, nun repetiert jedes Schloß das vorige. Sanssouci soll ein gesteigertes Rheinsberg sein, das Neue Palais wendet ins Größere, was beim Stadtschloß zu Potsdam erfunden wurde. Merkwürdig zeitlos wird alles, man sieht es den Plafonds und Halbsäulen nicht an, ob sie Anfang der vierziger oder Ende der siebziger Jahre gezeichnet wurden. Auch gibt er seinen Baumeistern, denen er alles vorzeichnet, genaue Anweisungen. Freude kann es nicht viel gemacht haben, für Friedrich zu entwerfen: »wie in Rheinsberg«, »nach dem Muster von Sanssouci«, »wie in Potsdam«. Einmal Knobelsdorff, immer Knobelsdorff. Die anderen, Gontard und Unger, müssen wie Knobelsdorff sein.

Der Prinz mit seinen vielen Liebschaften und der einen großen Liebe ist da viel moderner und beinahe ganz auf der Höhe der Zeit. Weiß er, daß in Paris – wohin er die Fünfzehnjährige für ein Jahr schickt, damit sie sich in der Großen Welt bilde – nicht mehr das altmodische Rokoko seines Onkels, sondern ein neuer Stil, den man später Louis Seize nennen wird, auf der Tagesordnung steht? Zumindest, er baut danach.

Die eine große Liebe. Er hat die Kleine mit fünfzehn Jahren zur Mutter gemacht, und sie wird, über seine der Dynastie wegen notwendigen Ehen hinweg, bei ihm sein, wenn es ans Sterben geht. Sie schenkt ihm einen Sohn, einen Engel von einem Kind; die Gnade des alten Friedrich erhebt ihn zum Grafen von der Mark. Aber das Kind stirbt, kaum acht Jahre alt, an einem rätselhaften Fieber in ein paar Stunden. Die verzweifelten Eltern beauftragen einen kaum Vierundzwanzigjährigen mit dem Grabmal für das tote Kind. Als Wilhelmine in der Werkstatt des gänzlich unbekannten Gottfried

Schadow steht, ist sie von dem verklärten Genius des schlafenden Jünglings so überwältigt, daß sie weinend niederkniet und den Marmor küßt. Das erste Meisterwerk des preußischen Klassizismus ist geboren.

Die Eltern bleiben in sonderbarer Zwiesprache mit dem liebreizenden Toten. Vor einiger Zeit ist der Prinz, dessen Neigung immer zugleich dem Sinnlichen und dem Übersinnlichen galt, in die Loge zu den Drei Goldenen Schlüsseln aufgenommen worden; wenig später war er von einer unsichtbaren Hand im Rücken berührt worden, während eine Stimme vernehmlich »Jesus« sagte. Da hatte er sich vom Herzog von Braunschweig in den Mysterienbund der Rosenkreuzer einweihen lassen, der über Möglichkeiten verfügte, sich mit dem Jenseitigen zu unterhalten.

Fast täglich war er nun in Verbindung mit dem toten Sohn; meist war das Medium seine Wilhelmine. Über Jahre hinweg unterhält er sich mit dem Kind; noch fünf Jahre nach dessen Tod hält ein eigens geführtes »Blaues Geisterbuch« unter dem Datum des 29. Juni 1792 fest, daß die Geister dem Vater als Botschaft des toten Knaben sagen lassen: »Gott wird mit ihm sein, wenn er fromm und reinen Herzens ist; im Walde wohnen seine Vorfahren.« Von nun an ist Friedrich Wilhelm überzeugt, daß die Hohenzollerngeister ihren Wohnsitz in den Bäumen des Grunewalds haben.

Viel geht durcheinander in dem Gemüt des Prinzen, das Uralte und das Allerneueste. Die Geisterseherei kommt ja nicht von gestern; verglichen mit der trockenen Vernunft des Onkels ist sie hochmodern. Alle Welt hat plötzlich mystische Erfahrungen. In Verliesen und unterirdischen Gewölben mit doppelten Mauern, hinter denen geisterhafte Stimmen hörbar werden, trifft sich Friedrich Wilhelm noch als König mit seinem leitenden Minister Bischoffswerder. Das findet übrigens in dessen Schloß Marquardt statt, auch nur eine halbe Stunde weiter am Ufer der Havel. Es ist jener Bischoffswerder, der ein paar Jahrzehnte später dem Sohn seines Herrn, dem Kronprinzen Friedrich Wilhelm und der Kronprinzessin Luise, den Kauf eines Landgutes mit dem wendischen Namen Paretz vermittelt.

Fontane stieg hinab in die Gartengruft, wo die Begegnungen stattfanden, aber da war sie schon halb eingefallen. Im nächsten Jahrhundert wird das Schloß Marquardt eine Wasserherberge, ein Ausflugsort für jene Herren, die mit Yachten oder Limousinen aus Berlin oder Potsdam herüberkommen; es ist der Lieblingsplatz erst von Rathenau und Graf Keßler, dann von Göring und Speer. Heute steht es leer, nur in einem Saal ein paar Plastikstühle, die anderen Flügel verfallen. An einer Nebentür hängt ein Schild: Humboldt-Universität.

Alles Neue reizt den Prinzen, nicht nur in der Kunst. Selbst die revolutionären Gedanken interessieren ihn, die bald nach dem Tode seines Onkels, seit dem Herbst 1786 schon, aus Paris herüberdringen. Nicht, daß er an die Souveränität des Volkes glaubte, aber er hat so wenig Vorbehalte, daß er als König bei den Jakobinern einmal in Erkundigung zieht, wie sie zu einem Bündnis mit Preußen stünden.

Friedrich Wilhelm hat Witterung für alles Neue, und da das Neue vielgestaltig ist, hat auch Friedrich Wilhelm viele Gesichter. Seine Modernität ist ganz die Modernität jenes kostbaren Jahrzehnts zwischen dem Ende des Alten und der Heraufkunft des Neuen, des einzigen Jahrzehnts, in dem er auf dem Thron Preußens sitzt. Wieder gilt das auch für die Kunst, der alte Stil schwindet, der neue kündigt sich an, alles ist ein Nicht-mehr und ein Noch-nicht. Knobelsdorff ist längst gestorben, Schinkel gerade geboren.

Dem großen König ist sein Sanssouci allmählich zum Mausoleum geworden. Spürt er eigentlich in verschlossenen Gedanken, daß seine Epoche, auch im Geschmacklichen, dem Ende entgegengeht? Merken kann man es nicht. Bis in seine letzten Jahre beschäftigt er die lederne Hofbildhauerschule mit Tassaert an der Spitze; wenn irgend möglich müssen seine Bildhauer Franzosen sein, deutsche Entwürfe sieht er nicht einmal an.

Der König selber zeichnet für Potsdam ein trokkenes Stadttor nach dem anderen, die Kupferstichwerke von Rom und Paris vor sich auf dem Tisch. Bei diesem Tor steht das Forum Romanum Pate, bei jenem mehr Palladio; einmal kommt unter englischen Einflüssen sogar so etwas wie Neugotik zustande, ziemlich scheußlich. Für die Kunst wird keines viel bedeuten.

Gleich wird der verachtete Neffe, eben König geworden, von Langhans das Brandenburger Tor bauen lassen, und sein Schadow stellt die Quadriga darauf; demnächst wird er die Braut seines Sohnes, die Kronprinzessin Luise, von der ganz Berlin entzückt ist, mit deren Schwester Friederike abbilden lassen; übrigens wird die später Königin von Hannover werden. Lebte er länger, so würden Berlin und Potsdam von der Neuartigkeit seines Willens zeugen. Was immer er, seine Residenzstädte planend, vor Augen hat, ist kühn empfunden und frei gedacht. Wäre er Preußens größter Bauherr geworden? Nein, der Alte ahnt nicht, daß die Zeit seines Rokoko abgelaufen ist. Hätte er, wie er manchmal möchte, Zeit und Kraft zu einem neuen Schloß, es würde wieder dasselbe daraus, wahrscheinlich noch einmal ein Neues Palais.

Selbst was die großen Weltläufte anlangt, sind es immer nur die Erfahrungen seiner jungen Jahre, die ihn bedrängen. Die Sorge um das vermaledeite Schlesien läßt ihn nicht los. Er spürt nicht, daß der Boden überall schwankt. Sein Bruder Heinrich hält sich über Paris auf dem laufenden, und als die Revolution da ist, fährt der Dreiundsechzigjährige sogar hin und wird als der Bruder des Großen Königs durch die revolutionären Salons gereicht. Friedrich sieht nur, daß Habsburg mit Wittelsbach über einen Tausch Bayerns gegen die Niederlande verhandelt. Wenn das zustande kommt, ist Wien plötzlich sein Nachbar. Dann wird alles wieder von neuem beginnen. Noch einmal Leuthen, noch einmal Roßbach, noch einmal Kolin.

Und doch ist Friedrich die Mitte von allem hier. Ohne ihn macht nichts Sinn, alles kommt von ihm her und alles läuft auf ihn zu. Hätte er nicht den Traum eines neuen Rheinsberg gehabt, weit genug ab von den geschäftigen Bürgerstädten Potsdam und Berlin und dabei nahe genug an den Residenzen, daß ein paar Stunden Ritt genügen – alles wäre bei den Stadtschlössern geblieben, den großen und dunklen in Berlin und Potsdam. Daneben natürlich Oranienburg und Schönhausen, wo er seine Mutter und seine Frau untergebracht hat, und dann noch Charlottenburg, an das Knobelsdorff gleich einen neuen Flügel anbauen muß. Das Lustschloß Glyncken macht jetzt übrigens seinem Namen Ehre, denn es wird ein Siechenheim für venerisch erkrankte Soldaten.

Was war es, das den Dreißigjährigen, der nie in Italien war, sein Tivoli so ins Große denken ließ, daß es mit dem alten Brandenburg nicht mehr viel zu tun hatte und schon gar nichts mit den Churfürstlichen Jagdschlössern? Das hier war Preußen und wollte es sein. Keine Rede von der Villa des Tiberius, kein Arcanum für ermüdete Nerven. Dies war von vornherein Mitte einer Welt und Bewegungszentrum eines Staates, und zwar eines größeren als des ererbten, mochte er auch tausendmal von *Sanssouci* sprechen.

Natürlich weiß er das selbst, all sein Reden von Tusculum ist nur Koketterie, wie ja auch sein »Antimacchiavell« nur spielerische Erprobung gedanklicher Möglichkeiten. Als es soweit ist, wird er keine Minute zögern, zum Rendezvous des Ruhmes aufzubrechen. Zeugt nicht sein Bauen davon? Der gewaltige Bau des Neuen Palais ist als Plan längst da, bevor Preußen sieben lange Jahre halb Europa bestehen muß. Alles dummes Gerede, daß der Bau nach dem Siebenjährigen Kriege die Kreditfähigkeit seines Staates der Welt vor Augen führen und dem daniederliegenden Handwerk auf die Beine helfen sollte.

Wie er für Berlin mit seinen paar Zehntausend Tausend Einwohnern ein Forum Fridericianum entwirft, das eine gebaute Herausforderung an Wien, St. Petersburg und Paris ist, so denkt er das Lustschloß auf den Weinbergen von Potsdam ins Europäische, mit Achsen hierhin und dorthin und der gedachten, aber nicht verwirklichten großen Schneise zum Fluß hinunter, der silbrig durch die dunklen Föhren heraufschimmert.

Allerdings, Friedrich hat keinen Fischer von Erlach und keinen Balthasar Neumann; immer nur Knobelsdorff. Da gibt es keine Wiener Karlskirche, sondern nur die Hedwigskathedrale; keine Würzburger Residenz, bestenfalls das Prinz-Heinrich-Palais. Natürlich waren Versailles und Schönbrunn vorausgegangen, grandioser in der Allüre und herrscherlicher in der Repräsentanz. Allzu oft triumphiert in Friedrichs Welt der geistige Wille über das künstlerische Vermögen; aber die kleine Ungeschicklichkeit, die sich in allem zur Geltung bringt, trägt am Ende den Triumph über die reine Vollkommenheit davon.

Friedrichs Vision, von der anfangs unklar blieb, ob sie mit diesen Palastanlagen auf Haveldünen ein stilles Arkadien meinte oder den mächtigen Palatin, war so groß gedacht, daß sich ihr alles einfügte, über das eigene und das nächste Jahrhundert hinaus. Das Marmorpalais des Neffen hatte Platz darin und die Via triumphalis, die dann dessen Enkel, der vierte Friedrich Wilhelm, bauen wollte, der als einziger der Nachfolger wagt, in Sanssouci Wohnung zu nehmen. Sogar der bürgerliche Klassizismus des neuen Schlosses Klein-Glienicke paßt hinein, das auf der anderen Seite der Chaussee liegt, so daß man glücklicherweise die Flaschenfabrik nicht sehen muß, die ins alte Glyncken gleich einziehen wird.

Dann aber, wo es auf die Mitte des neuen Jahrhunderts zugeht, ist auch der Klassizismus schon wieder von der Tagesordnung abgesetzt. Alles Romantische kommt obenauf, und wenn es geht, soll es englisch sein. Prinz Wilhelm, der neue Thronerbe, jener Kartätschenprinz, der während der Revolution ins Ausland fliehen muß – was Friedrich wollte, aber nicht konnte, und der letzte Hohenzoller mußte, aber nicht wollte –, baut sich um die nächste Landzunge herum ein Schloß im gotischen Tudor-Geschmack, und der letzte Kronprinz, den es in Preußen geben wird, stellt gleich neben das Marmorpalais seinen »Cecilienhof« im englischen Fachwerk-Landhausstil. Und alles fügt sich zusammen, sogar noch die kleinsten und kostbarsten Landsitze der Hohenzollern, Schloß Paretz und Schloß Lindstedt, auch nur eine Flußstunde weiter hinab.

Wie kommt es, daß alle diese Fürsten, die meisten von ihnen doch keine Weltumstürzer – keine Ludwigs, keine Friedrichs, keine Napoleons –, sich ihrer Welt so bedeutend eingeprägt haben, nicht ein einziger Fehlgriff unter all ihren Bauten? Rechnet man nach, wer in diesen zweihundert Jahren in Brandenburg und Preußen verfügbar war – fast untrüglich haben sie nach dem jeweils Richtigen gegriffen, erst Schlüter, dann Knobelsdorff, schließlich Schinkel. Selbst den zwanzigjährigen Gilly wollten sie haben, den Stern im Frühlicht der Klassik; nur starb der mit achtundzwanzig.

Leicht gesagt, exzellente Berater. Natürlich war da erst der Minister für das Hüttenwesen, der Baron v. Heinitz, dem die Akademien und die Hofbildhauerschule und die Porzellanmanufaktur unterstanden und der Schadow ans Licht gezogen hatte, und dann der Minister von Humboldt, der auf eigene Faust kräftig intrigierte, um Schinkel und Rauch durchzusetzen, nicht nur gegen Schadow, sondern auch gegen Canova und Thorwaldsen. Aber Berater sind ja zu allen Zeiten da, mehr als genug. Am Ende waren es dann eben doch Friedrich und Friedrich Wilhelm und Wilhelm, die Ja und Nein sagten.

Besteht ihr Glück vielleicht darin, daß sie Fortüne hatten? Es gab ja nicht viel Mediokres oder gar Miserables. Selbst wenn man die unausgeführten Entwürfe zu den Wettbewerben über die Domkirche, über das Friedrichs-Denkmal, über die Museumsinsel durchmustert, so kommt einen Sehnsucht an nach dem jugendlichen Glanz dieses Preußens, das doch schon alt war und nicht mehr lange dauern sollte, nur ein paar Jahrzehnte noch.

Übertreibt man es mit der Liebe, wenn man diese Welt zwischen Hügeln und Flußläufen, diesen Traum im Norden, eine Conca d'Oro in der Mark nennt? Kronprinz Fritz, der spätere Kaiser Friedrich III., findet, als er in Palermo steht, ganz unbefangen: Eigentlich alles wie in Potsdam.

Steht diese Havelwelt wirklich gleichen Ranges neben der Loire-Landschaft der Valois und dem Arno-Garten der Medici? Ist dies das letzte große Gesamtkunstwerk Europas, die späteste Verwandlung von Landschaft in Kunst? Selbst heute, wo alles ruiniert ist, die Stadtschlösser abgerissen, das Marmorpalais mit sowjetischen Waffen ein Museum für den eigenen Untergang, Paretz ein Agrarkombinat, Babelsberg im Grenzgebiet – selbst heute, wo das östliche Ufer der Westen ist und das westliche Ufer der Osten –, selbst heute läßt sich verstehen, weshalb nach dem ersten Untergang Preußens der französische Besatzungsoffizier Stendhal an diesen Ufern stand und die Pfaueninsel-Welt an Traum und Zauber neben die Borromeischen Inseln stellte.

Also die Pfaueninsel, noch einmal. Jetzt, 1786, ist es so weit, der Prinz ist König, er nennt sich Friedrich Wilhelm II. Er hat lange warten müssen, der Onkel in Sanssouci hatte nicht sterben wollen, nun ist der Neffe schon Anfang vierzig, und die Kleine von damals auch schon dreißig.

Aber er hat die Uferplätze seiner Jugend nicht vergessen. Drüben, auf der anderen Seite, wo sie immer unter dem »Punschelschen Weinberg« am Wasser gesessen hatten – das Weinbauernhaus ist noch da, ein Offizier der Volksarmee wohnt darin, übrigens ein Witzleben –, läßt er sich ein Haus bauen, das eigentlich kein Schloß mehr sein soll. Friedrichs Baumeister Gontard erhält den Auftrag, aber sie passen schlecht zueinander. So muß ihm Langhans, der vom Brandenburger Tor, den Innenausbau machen. Der König bringt seine Wünsche mit Entschiedenheit zur Geltung. Alles soll vor allem behaglich sein, in Wien hätte man es kommod genannt. Friedrich Wilhelm hat den Platz direkt am Schilf im Auge, dort wohin sie sich vom Gärtnerburschen Hannes immer die Krüge mit Wein hatten bringen lassen. Dem jedoch steht eine alte Akazienreihe im Wege, die Langhans fällen lassen möchte. Der König denkt nicht einen Augenblick daran.

Die Kolonnaden des großen Friedrich läßt er zwar abreißen, aber die Bäume müssen bleiben; sie gelten ihm mehr als die dummen Säulen. Keine Fontäne vor dem Schloß will er haben, das Aufstieben der Wildvögel aus dem Schilf ist ihm genug. Langhans muß also auf die Akazien Rücksicht nehmen, das Schloß wird gedreht und so ans Ufer gestellt, daß Fundamente im See die Mauern tragen. Der Eiskeller bekommt die Form einer Pyramide, das Küchengebäude ist ein halb im See versunkener Mars-Tempel. Nein, kein Schloß, es ist die Zeit der Trianons, alles drängt zum Privaten.

Eigentlich ist er seinem Onkel jetzt doch ganz nah. Die Sehnsucht zum Ländlichen hatte ja auch den großen Friedrich in solchem Maß beherrscht, daß er im Alter meinte, nur an zwei Orten glücklich gewesen zu sein – in dem kleinen Sanssouci und in dem ganz kleinen Rheinsberg. Friedrich las zwar keine Zeile deutscher Dichter, aber ist denn deren Naturseligkeit so etwas ganz anderes als die seine? Nur das Sich-Verlieren des Sturm und Drang fehlt ihm. Vom milchigen Glast des Wassers schreibt er und vom durchsichtigen Blau des Himmels. Hält man es für möglich, daß Preußens Schlachtengott vom »goldenen Frühlichtglanz« spricht und von »grüner Dämmernacht«? In seiner eroberten Provinz impressionieren ihn am meisten die Landsitze des schlesischen Adels – kleine Häuser, auf Hügeln, an Wassern, unter Bäumen.

Kein Habsburger oder Bourbone hätte die Verse zu Papier gebracht, die Friedrich nach den ersten beiden Kriegen an einen Freund, den Marquis d'Argens, richtet:

Hoch auf eines Hügels Rücken
Wo das Auge mit Entzücken
Schweift, soweit der Himmel blau
Hebt gebietend sich der Bau.
Hohe Kunst ward dran gewendet;
Sorglich schuf und meisterlich
mir des Meißels Hieb und Stich
Steingestalten formvollendet,
Die das Ganze prächtig schmücken,
Ohne lastend es zu drücken.
Morgens taucht mein Schlößlein ganz
Sich in goldnen Frühlichtglanz,
Der es grüßt, wenn er erwacht.
Sechs bequeme Treppen lassen
Nieder über sechs Terrassen,
Mählich sacht
Euch zum Haine niedersteigen,
Euch zu flüchten
In die grüne Dämmernacht.

MARMORPALAIS *1786 bestieg der Neffe des großen Friedrich, Friedrich Wilhelm II., den Thron. Liederlich und fromm war er als Prinz gewesen, versessen auf jenseitige Erfahrungen in der Gesellschaft der Rosenkreuzer und begierig der Umarmungen von Hofdamen und Wäscherinnen, französischen Actricen und Musikantentöchtern. Aber er entdeckte den vierundzwanzigjährigen Schadow, korrespondierte mit Haydn und schwärmte für Shakespeare, eine Königliche Hoheit, die ein Kind des Sturm und*

Drang war. Als er, für die knappe Spanne eines Jahrzehnts, König wird, führt er eine neue Epoche herauf. Langhans, sein Lieblingsarchitekt, baut ihm das Brandenburger Tor, das Belvedere im Charlottenburger Park und vor allem den Innenausbau des Marmorpalais. Er stellt sein kleines Tivoli hart ans Wasser des Heiligen Sees und verbietet sich Brunnen und Fontänen; das Aufstieben der Wildenten aus dem Schilf ist ihm genug. Aquatinta von Meyer, um 1800

Lithographie von L. Meyer, um 1825

Meierei

Fasanerie

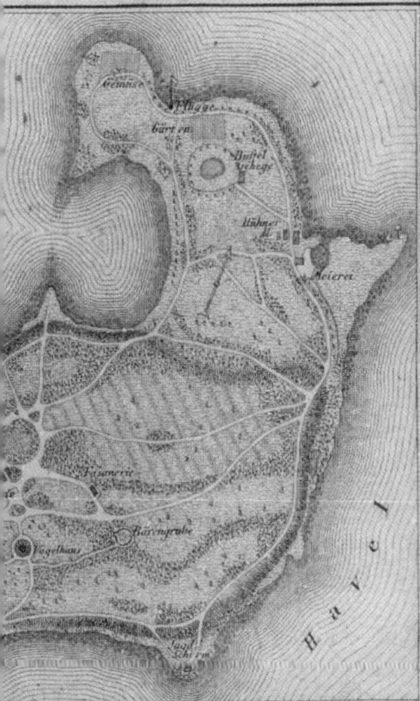

Vogelhaus

Jagd = Schirm

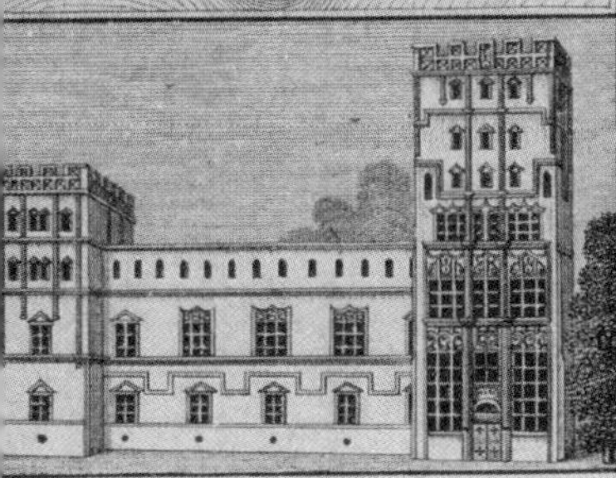
Cavalier = Haus

Brunnen

Die Fährstation zur Pfaueninsel *Die Lust am Intimen war bei Friedrich Wilhelm II. und seiner Favoritin, der zur Gräfin Lichtenau erhobenen Musikantentochter Wilhelmine Enke, so weit gegangen, daß man nur die nötigste Dienerschaft mit auf die Insel nehmen wollte. Kam man nicht von Potsdam mit der königlichen Gondel herüber, nahm man den Weg über das östliche Ufer, um sich vom*

Marstall aus vom Fährmann übersetzen zu lassen. Das alte Blockhaus dient jetzt als Wirtshaus zur Pfaueninsel, wie gleich nebenan auch das Forsthaus Moorlake, von Persius für Prinz Carl errichtet. Von überall her grüßen von den Haveldünen herab die königlichen Blockhäuser und Backsteinkirchen auf die Wasserfläche der Havel.

Aquatinta von Laurens und Thiele, um 1815

Friedrich Wilhelm II. kann keine Verse machen und dessen Sohn noch nicht einmal Sätze. Aber der eine empfindet dasselbe selige Sich-Verlieren, wenn er vor seinem Palais am Heiligen See sitzt, der andere sehnt sich bei seinen Rüben und Kartoffeln in Paretz, ein Landwirt zu sein. Sonderbare Militärmonarchie, dieses Haus Hohenzollern.

Jetzt bleibt ihm nicht mehr viel Zeit, weder zum Leben noch zum Lieben oder zum Bauen. Aber die Insel geht ihm nicht aus dem Sinn, die seine Zuflucht war vor dreißig Jahren. Vergangen, aber nicht vergessen die Tage, als es dort »Orientalische Spiele« gab unter indischen Zelten und auf persischen Teppichen, alles ausgebreitet auf dem Rasen, die Hängematten gespannt zwischen den Stämmen, der Tanz auf der Wiese mit Schaukeln und Musikanten. War es nicht gewesen, als wolle der Neffe die Fêtes galantes von seines Onkels geliebtem Watteau in die Wirklichkeit holen? Nun kauft Friedrich Wilhelm die Insel, deren landwirtschaftlichen Ertrag Friedrich Wilhelm I. dem Militärwaisenhaus in Potsdam geschenkt hatte; die entgangenen Subsidien ersetzt der König auf Heller und Pfennig den Kindern der Gefallenen aus den vielen Kriegen. Jetzt schreibt man das Jahr 1793, nun drängt die Zeit. Über seine Jahre hinaus plagen den König Atemnot und Schwindelanfälle. Ahnt er, daß er nur noch ein paar Jahre hat?

Diesmal braucht der König keinen Architekten,

er weiß genau, was er will, der Hofzimmermeister Brendel aus Potsdam genügt. Ein Sommerhaus soll es sein, die Privatheit des Marmorpalais ist ihm noch zuviel. Auch in Charlottenburg ist er ja nicht gern im Schloß, sondern am liebsten im Wasserpavillon Belvedere, den ihm Langhans ans Ufer der Spree gestellt. Jetzt sucht er das ganz und gar Intime. Was ihm vorschwebt, ist ein Pavillon aus Holz, und er will ihn in Gestalt einer mittelalterlichen Ruine haben.

Die Ruine soll nicht an die Vergänglichkeit alles Großen mahnen; das war die Sache der Antikensehnsucht der Renaissance und wird bald die des Klassizismus sein. Jetzt soll die Ruine an die Vergänglichkeit mahnen und an sonst nichts. Die schönen Schauer des Vergehens will man sich verschaffen, von überall her holt man sich die Zeichen des Endes, niedergebrannte Kerzen, verwehte Notenblätter, zerbrochene Mandolinen. Bei alledem befindet man sich sehr wohl, was für ein Genuß ist es, sich der süßen Empfindung hinzugeben, die das Bewußtsein der Vergänglichkeit gewährt, gerade hier an diesem Ort – glitzernde Wasser, dunkle Kiefern, milde Hügel.

Nur die allernötigste Dienerschaft will der König um sich haben. Ein paar Häuser für Bedienstete auf der Insel genügen; der Königliche Marstall liegt am anderen Ufer, dort, von wo man sich übersetzen läßt. Das alte Blockhaus Friedrich Wilhelms II. gibt es nicht mehr; das heutige, das inzwischen ein

»Wirtshaus zur Pfaueninsel« geworden ist, baute dessen Sohn, da aber waren Kriege, Revolutionen, Niederlagen und Befreiungskriege schon gekommen und gegangen. Das heutige Haus spiegelt den Geist des Biedermeiers, nicht den vom Fin de Siècle.

Mit dem Gottesgnadentum nimmt es der König, der lüstern und fromm ist, zwar wörtlicher als sein Onkel, aber die damit verbundene Unbequemlichkeit ist nicht seine Sache. Alle Welt will plötzlich *vivre bourgeoisement*, der König voran. Diesmal wenigstens hinkt Preußen den Franzosen nicht hinterher, es reitet sogar an der Tête.

Friedrich Wilhelm hat gemeinsam mit Wilhelmine alle Einzelheiten festgelegt, den Stimmungen der Epoche die eigene Caprice hinzufügend. Das Reservoir der Zeit stellt alles bereit, man holt sich die Reize von überall her. Der auftrumpfende *grand goût* des Barock ist vorbei und die Herrschsucht des Klassizismus noch nicht da. Glückliche Zwischenzeit, alles ist erlaubt, wenn es nur zart und diskret ist. Also die Täfelung im dorischen Stil, der Fußboden aus heimischer Eiche, die Gardinen aus ostindischem Kattun im altrömischen Stil, das Turmzimmer ein »Oteihitisches Kabinett«, womit eine Bambushütte gemeint ist, die den Ausblick auf die umliegende Havelwelt freigibt. So durch alle Zimmer und alle Stockwerke, schlesischer Marmor, Berliner Papiertapeten, griechische Bronzen. Der Turm trägt, das vergangene Jahrhundert dreht sich im Grabe um, eine Plattform mit *Gartenstühlen*, damit man nach Sakrow und Potsdam hinübersehen kann.

Das Schlößchen, von außen ein wenig einfältig, gleicht im Innern einer Gondel, die in fernste Zeiten und fremdeste Erdteile trägt. Gleich kommt die Weltanschauungsarchitektur, Humboldt, der Sohn seines Freundes, baut sich Schloß Tegel im griechischen Geschmack um, der nächste König wird sich von Schinkel einen Tempel in den Park des Schlosses Charlottenburg stellen lassen. Aber für diesen einen glücklichen Moment vermischen sich alle Sphären zu einem Gespinst von nichts.

Preußischer Stil? Schwer zu sagen, was das ist. Das mächtige Zeughaus? Das graziöse Sanssouci? Die Ruinenseligkeit der Pfaueninsel? Die strenge Klassik des Alten Museums? Das Wort vom preußischen Stil kommt erst auf, als die Sache nicht mehr da ist, Vokabel der Defensive. Am Ende triumphiert immer die Epoche über das Eigene. Ist das Kabinett der Marie Antoinette so weit von dem Salon der Josephine, wo sich die Revolution trifft? Was trennt den Weiler von Versailles von der Pfaueninsel? Immer Fin de siècle, Verfall, der Verfeinerung ist. Stimmung eines Abschieds, der nichts von sich weiß. Hält die Zeit den Atem an? Gleich wird wieder die Geschichte kommen, man wollte, sie käme nicht.

Vorläufig kommen die Pfauen. Der König kauft sie bei dem Gut Sakrow auf dem halben Wege nach Potsdam und baut ihnen ein Haus in Form eines Heuschobers, der tatsächlich mit Seegras gedeckt wird. Alles soll ländlich sein, nicht nur so wirken; wenn irgend möglich erwirbt man bestehende Baulichkeiten. Im nahen Beelitz, das in kommenden düsteren Zeiten noch einmal eine Rolle spielen wird, gibt es einen »Jagdschirm«, den der junge Prinz gern bei der Pirsch aufsuchte. Den bricht man jetzt ab und stellt ihn auf die Insel, wobei er den poetischen Namen »Borkenhäuschen« erhält. Als alles fertig ist, legt sich der König hin und stirbt.

Friedrich Wilhelm sitzt im Sessel und ringt nach Atem; da erweist ihm Wilhelmine den letzten Liebesdienst. Sie läßt die jüngste Geliebte des Königs, die achtzehnjährige Schauspielerin Sophie Schultzki, kommen, damit sie vor dem Kranken tanzt. Dann wird Wilhelmine abgeführt, auf die Festung Glogau verbracht; schlimmer noch geht es ihr als dem Kunkel. Auch diesmal wieder meint der neue Herrscher, sein Sohn Friedrich Wilhelm III., daß es beim vorigen nicht mit rechten Dingen zugegangen ist. Hat Wilhelmine, die siegreiche Rivalin seiner Mutter, ihr Vermögen erschlichen? Daran ist nichts, das strenge Gericht spricht sie frei, aber sie wird für lange verbannt bleiben.

Jetzt ist die Geschichte da. Der neue Herrscher ist noch nicht einmal ein Jahrzehnt auf dem Thron, als die Franzosen im Lande stehen. Der Kaiser, der in Paris die Jakobiner abgelöst, mit denen Friedrich Wilhelm geliebäugelt, reitet in Berlin unter dem Tor von Langhans mit Schadows Quadriga ein.

Der König und seine Luise, die eben angefangen hatten, einen Tierpark auf der Pfaueninsel anzulegen, wozu Büffel und »bengalische Hirsche« auf die Insel verbracht wurden, müssen fliehen, über Danzig und Königsberg hinaus immer weiter nach Osten. Die Dynastie kommt zwar noch einmal davon, Napoleon läßt sich ausreden, Preußen abzuschaffen, wofür er konkrete Pläne hat, aber der Staat verliert die Hälfte seiner Provinzen.

Am Ende geht, nach einem turbulenten Jahrzehnt, alles gut aus, der Kaiser, der große, der furchtbare Mann wird geschlagen und sogar abgesetzt. Aber da lebt die Königin nicht mehr, die sich übrigens mit der Insel nie so recht hat anfreunden können, »der engen Pfauen-Behausung, wo kein Schloß und kein Riegel vor Einbruch bewahrt, wo bekanntlich die Mauern von Papier sind und jeden Seufzer verräterisch seinen Nachbarn hören läßt«.

Nein, die Pfaueninsel war nicht der Platz der Königin Luise, wobei mitgespielt haben mag, daß sie eben der Ort des alten Königs war und Luise als Kronprinzessin wenig Neigung hat, der Favoritin des Schwiegervaters allzuoft nahe zu sein. So erwarb der Kronprinz das alte Schloß Paretz, gleich neben Schloß Marquardt gelegen, und ließ vom Oberbaurat Gilly nach dem Abriß des düster-unpraktischen Barockbaus ein »Gutshaus im ländlichen Stil« aufführen, mitsamt den zugehörigen Bauernhäusern, in deren Giebel jeweils eine Stube für die Bediensteten des kronprinzlichen Paares freigehalten werden mußte. Paretz, allgemein »Schloß Still-im-Land« genannt, war mit seinem Blick über die Havellandschaft mit ihren Segelbarken Luises eigentliche Zuflucht, und sie mußte sterben, damit die Pfaueninsel wieder zu Ehren kam.

Der König nämlich, siegreich aus einem Kriege zurückgekehrt, den er auch nachträglich nicht als unwiderruflichen Anbruch eines neuen Weltabschnitts begriffen hatte, wollte in die Unschuld der alten Tage zurück. Die Insel mit ihren bunten Pfauen und den schwarzen Schwänen war ihm das alte stille Preußen, das doch in den Katarakten der Epoche längst untergegangen war.

Beide saßen sie nun auf ihren Inseln, die sich die Throne hatten nehmen wollen. Der auf dem unwirtlichen St. Helena schreibt gerade in seine Memoiren hinein, daß er seinen Untergang der Nachgiebigkeit verdanke; hätte er Preußen nicht aus reiner Gefälligkeit dem Zaren gegenüber bestehen lassen, säße er jetzt nicht auf seinem Felsen, sondern in den Tuilerien. Der König auf der Pfaueninsel, wo auch jene Begegnung stattgefunden hatte, die Hardenberg zum Nachfolger Steins machte, der auf Verlangen der Franzosen das Land hatte verlassen müssen, sah es gar nicht so ganz anders.

Die Russen sind es gewesen, die den Ausschlag gegeben haben, erst bei den Verhandlungen auf dem Floß in der Memel und dann in jenem Winter von Moskau, als Napoleons Macht in Brand und Frost unterging. Solange Preußen mit Rußland auf gutem Fuße steht, wird es Bestand haben, wie schon Friedrich erfahren hat, als ihn in letzter Minute der neue Zar Peter III. mit heiler Haut aus dem langen Krieg kommen ließ.

So viel weiß Friedrich Wilhelm III., so viel hat er gelernt, mag er auch sonst so ahnungslos im Kriegshandwerk wie in der Staatskunst sein: das Wichtigste ist, die Fäden nach St. Petersburg so eng wie möglich zu knüpfen. 1817 geht sein Traum in Erfüllung: Großfürst Nikolaus Pawlowitsch heiratet seine Tochter Charlotte, die Häuser Romanow und Hohenzollern sind verschwägert, und da der Bruder von Nikolaus auf den Thron verzichtet, ist Friedrich Wilhelms Schwiegersohn plötzlich Zar.

Zu Ehren des kaiserlichen Schwiegersohns wird gleich gegenüber der Pfaueninsel eine russische Kirche auf die Haveldüne gestellt, ganz richtig mit russischem Kreuz und Zwiebelturm. Daneben steht schon lange ein russisches Blockhaus, Balken für Balken im fernen Zarenreich zurechtgeschnitten und hier zusammengefügt. Sie sind noch da, haben Kriege und Eroberungen überstanden, obwohl doch hier in Wannsee im April 1945 der letzte Stützpunkt der deutschen Truppen sein wird, als überall sonst schon die Freudenfeuer der Sowjets durch die warmen Nächte des Frühjahrs 1945 lodern. Beim Forsthaus Moorlake, das Persius für Prinz Carl gebaut hat, steht noch 1946, als längst wieder gepaddelt und gebadet wird, ein zerschossener T 34 unter den Bäumen.

Jetzt ist von solchen Sachen keine Rede. Die kaiserlich russischen und die königlich preußischen Familien segeln in der Fregatte, die der Prinzregent aus London dem Monarchen geschenkt, von der Glienicker Brücke bis nach Pichelsdorf hinauf, und niemand ahnt, daß es genau diese Strecke in umgekehrter Richtung sein wird, die der Sohn des Königs, Prinz Wilhelm, nur wenig später bei Nacht machen wird, um Haut und Haar zu retten.

Dies sind die Tage nach Leipzig und Waterloo, man lustwandelt über die Insel, die kein Dickicht mehr ist, sondern ein Zaubergarten. Nicht nur, daß der König aus seiner Neigung zu exotischen Tieren eine regelrechte Leidenschaft gemacht und eine »Menagerie« angelegt hat, so daß man hier in einer Bucht Büffel, dort in einer Grube Bären und da schließlich hinter eisernen Stäben Löwen betrachten kann; eine luftige Voliere beherbergt sogar Falken und Adler der verschiedensten Arten.

Es sind auch Baulichkeiten hinzugekommen und nicht nur solche, die der Tischlermeister Brendel, der Baumeister Albert Dietrich Schadow und der königliche Oberbaurat Schinkel entworfen haben. Die Zeiten des strengen Stils sind schon wieder vorbei, man nimmt, was fremdartig und sonderbar ist, die Insel wird ein Puzzlespiel, und Schinkel ist der rechte Mann, das alles zusammenzufügen. Er selber trägt ja seine Elemente auch von überall her zusammen. Der Neuen Wache will er die Gestalt eines romanischen Burgtors geben, und sein Lieblingsgedanke ist ein gotischer Dom am Wasser.

Nur die biedere Nüchternheit des Königs gibt Berlin sein klassisches Gesicht. Denn Friedrich Wilhelm sieht sich alles an und sagt dann immer nur: »Sehr, sehr schön. Mir aber lieber griechischer Stil.« So hat er mit Gilly geredet, als der Paretz baute, und so mit Schinkel, als es um die Kirchen in Berlin und Potsdam ging.

Auf der Pfaueninsel aber ist alles willkommen. In Danzig ist ein gotisches Palais vom Abbruch bedroht, das ursprünglich sogar von Nürnberg an die Weichselmündung verpflanzt worden sein soll. Der König kauft es und in sorgfältig numerierten Quadern wird es auf Lastkähne über Ostsee und Oder zur Pfaueninsel transportiert, wo Schinkel den damals schon dreihundert Jahre alten Bau an das »Kavaliershaus« anfügt, das für die Zahl der Gäste zu klein geworden ist. Eben noch sah die gotische Fassade auf die Dreimaster, die Korn nach England brachten und feinste Prozellane aus China holten. Jetzt blickt sie auf die milde Wasserfläche, wo die Havelfischer wie seit je Hechte und Barsche aus dem Wasser ziehen.

Reizt den König das Alter der Steine oder deren Geschichte? Es sieht so aus, als sei es das Pittoreske, denn eben jetzt wird von einem englischen Kolonialgeneral eine »altbirmaische Pagode« aus purem Marmor gekauft, und der buddhistische Tempel aus einem Weltstrich, wo niemand je gewesen ist und niemand hinwill, wird in das Glashaus eingefügt, das Schinkel für die Foulchironsche Palmensammlung baut, die Friedrich Wilhelm jüngst in Paris gekauft hat. Dann kommt noch die erste, die ursprüngliche Fassade des Mausoleums hinzu, die der König in Charlottenburg für Luise gebaut hat, wie er ja auch in Paretz eine gußeiserne Pforte an der Stelle aufstellen ließ, wo sie beim letzten Besuch, kurz vor ihrem Tode, ihren geliebten Boden betreten. Der Bogen trug die Inschrift »den 20. Mai 1810« und sonst nur ein schlichtes L. Vergebens sucht man die verrostete gotische Pforte. Hat sie die Arbeit des Agrarkombinats gestört oder liegt sie noch irgendwo unter verwurzeltem Gestrüpp?

Es sind nicht die letzten Tränen, die auf der Pfaueninsel geweint werden, die der Luise und die um Luises willen. Noch einmal gibt es eine leidenschaftliche Romanze im Hause Hohenzollern, und sie geht schmerzlich aus; hier auf der Pfaueninsel.

Der seit vielen Jahren verwitwete König, der eben jetzt, 1824, auf Drängen seiner Kinder die zur Fürstin Liegnitz erhobene Gräfin Harrach zur zweiten, morganatischen Frau genommen hat – woran noch heute im Park von Sanssouci die Villa Liegnitz erinnert –, versagt sich aus Staatsräson dem Werben seines Sohnes um die schöne Elisa, Tochter des polnischen Fürsten Anton Radziwill, den Friedrich Wilhelm gleich nach dem siegreichen Ausgang des Krieges zum Statthalter der neuen preußischen Provinz Posen gemacht hat.

Es ist ein Ausbruch von Gefühl, wie es niemand dem achtundzwanzigjährigen Prinzen zugetraut hat, der, sehr im Gegensatz zu seinem Bruder, dem Thronfolger, bisher nicht viel Neigung für die schönen Künste und die zarten Empfindungen gezeigt hat. Friedrich Wilhelm, der zwei Jahre ältere Bruder, hat vom Großvater, dem Pfaueninsel-Prinzen, und wohl auch vom Großonkel, dem Einsiedler von Sanssouci, die Empfänglichkeit für die Reize des Schönen geerbt; sein Leben lang wird er sich mit Künstlern und Architekten umgeben, Geschichtsschreibern und Geschichtenerzählern, wird wohl auch selber zeichnen und entwerfen, darin dem Thronfolger Ludwig im konkurrierenden München sehr ähnlich. Beide reisen sie ja, sobald die Zeitläufte es zulassen, als Kronprinzen in den Süden, um im Kreise von Malern und Bildhauern in römischen Weinschenken von der Heraufkunft einer neuen Blüte der Kunst zu träumen.

Von Wilhelm aber meint alle Welt, daß er einzig am trockenen Kriegshandwerk Interesse nehme, die neuen Reglements für Linie und Landsturm wichtiger finde als Verse und Säulen. Und doch scheint auch er in Arkadien geboren, zumindest was die Leidenschaftlichkeit des Herzens anlangt.

Kein Vorfahr und kein Nachkomme wird sich so an das Gefühl hingeben wie Wilhelm an die reizende Elisa, und es ist wirklich Gefühl, nicht sinnliches Verlangen wie beim Großvater oder zärtliche Zugetanheit wie beim Vater. Ihm ist, als müsse ihm die Seele vergehen. An den Rand ihrer Treueschwüre zeichnen sich die Liebenden, ganz Zwanzigjährige, Kreuz, Herz und Anker, im romantischen Gefühl Glauben, Liebe, Hoffnung beschwörend. Der Prinz trägt die sieben langen Jahre des geheimen Verlöbnisses hindurch eine Locke Elisas wie ein Reliquie mit sich; noch der alte, bald neunzigjährige Kaiser wird sie in seinem Palais Unter den Linden in einer Kassette mit Erinnerungen an die Liebe seines Lebens aufbewahren.

Aber die Vernunft des Staates will es anders. Der Vater, mit Einsamkeit und Sehnsucht selber vertraut, ist sonderbar bewegt beim Anblick des Liebenden. Die fünf preußischen Staatsminister werden beauftragt, sich mit der Ebenbürtigkeit des Radziwillschen Geschlechts zu beschäftigen, das zwar nicht zu den regierenden Häusern Europas zählt, aber doch der polnischen Monarchie zwei Königinnen gegeben hat. Die Ministerkommission, zu der auch General Müffling hinzugezogen worden ist, erstellt ein Gutachten, wonach auch die minderjährigen Agnaten einer Radziwillschen Verbindung ihren Thronverzicht erklären müßten, was aber kein unüberwindliches Hindernis sein muß, denn Wilhelm ist ja nicht Thronerbe. Am

Ende keimt Hoffnung auf, trotz der Rücksichtnahme auf die Dynastien zwischen Wittelsbach und Hannover.

Ist es der eigene Schwiegersohn und Schwager, der Zar, der zu verstehen gibt, daß St. Petersburg eine Verbindung des preußischen Herrscherhauses mit dem unberechenbaren und stets unbotmäßigen polnischen Adel mit Verwunderung sehen werde? Jedenfalls scheint es die russische Verwandtschaft zu sein, die nach langem Hin und Her den Ausschlag gibt. Am 23. Juni 1826 schreibt der König dem Sohn, daß an eine Verbindung mit Elisa nicht zu denken ist. Der Staat muß über das Gefühl den Sieg davontragen, so wenig auch daran fehlt, daß dem König selber das Herz darüber bricht.

Am Tage nach dem endgültigen Nein fährt Wilhelm zum Vater auf das Ruinenschlößchen. Der Mutter seiner Braut im fernen Posen schildert er den Hergang der schmerzlichen Begegnung.

> »Am 24. um 1 Uhr kam ich nach der Pfaueninsel; der König war auf der Bank an der Kegelbahn. Mit starrem, tiefem ernsten Blicke sah er mich an, zog mich an seine Brust, und die heißesten Tränen flossen von beiden Seiten. Ein entsetzlicher Augenblick! Lange hielt er mich an der Hand, wiederholte kurz den Inhalt des Briefes, erklärte sich sehr zufrieden mit meiner Antwort und entließ mich dann mit den Worten: daß er gewiß

> ebenso unglücklich sich fühle wie ich, da er nichts mehr am Herzen habe als das Glück seiner Kinder – und so war es geschehen!«

Der Prinz, der seinem Bruder einst auf den Thron folgen und Deutschlands erster Kaiser sein wird, macht Jahre später eine politisch erwünschte Partie; die Familie seiner verlorenen Braut ist betroffen, daß die Tröstung so schnell gelingt. Wilhelm heiratet die anmutige und geistreiche Augusta, die Tochter Karl Friedrichs, des Großherzogs von Weimar, und der Großfürstin Maria Paulowna. Aber es wird nichts Rechtes draus, das trockene Berlin ist der thüringischen Prinzessin, der Enkelin von Goethes Karl August, zu bieder, und dem Prinzen ist sie zu sehr an die verfeinerte Geistigkeit von Weimars »Silbernem Zeitalter« hingegeben, das doch im Grunde nur seine eigene Vergangenheit feiert.

Sie hat keine Ahnung davon, daß Berlin jetzt, in den dreißiger Jahren des Jahrhunderts, Weimar längst überholt hat, auch was Kunst und Philosophie anlangt; er wiederum vermag ihr nicht die Gefühle zu lösen. Stets wird sie den Musenhof an der Ilm gegen die märkische Residenz wenden, das man doch in London und Paris schon ein Athen an der Spree nennt. Es wird nur eine gute Ehe, das Glück soll in beider Leben nicht zu Hause sein.

Ist es diese Erinnerung, die Wilhelm zeit seines Lebens die Pfaueninsel meiden läßt? Noch steht ihm ja eine andere Begegnung mit der Insel bevor, vielleicht nicht so herzergreifend und doch im gleichen Maße die Grundfesten seiner Existenz erschütternd. Zum Moment der Entsagung wird der Augenblick der Demütigung treten; in geliehenen Kleidern wird er, gut zwanzig Jahre später, vor dem aufständischen Berlin hier hinter dem Schilfgürtel Zuflucht suchen, zwei lange Tage und Nächte hindurch; Elisas Nachfolgerin, Augusta, wird bei ihm sein, wenn es um das Schicksal der Dynastie oder doch um deren Unterwerfung unter eine »Constitution« geht.

Nein, nicht als König und nicht als Kaiser wird er hier Gartenfeste oder Kerzendiners geben. Kein Bericht sagt, daß er in dem halben Jahrhundert, das noch vor ihm liegt, auch nur ein einziges Mal die königliche »Gondel« genommen, um zur Pfaueninsel zu segeln. Er sitzt in seinem Babelsberg auf dem Berliner Ufer und schaut nach Potsdam hinüber.

Übrigens darf jedermann auf die Insel, die Hohenzollern haben es immer anders als die Habsburger und Romanows gehalten, kein spanisches Hofzeremoniell, aber auch keine moskowitische Großfürsten-Wirtschaft. Ein Piquet von ganzen fünf Mann bewachte Sanssouci, wenn der große König dort wohnte, und nur manchmal wurde Friedrich mißgelaunt, wenn allzu dreiste Engländer ungeniert durch die Fenster nach ihm Ausschau hielten.

Preußens Dynastie ist beliebt, auch wenn die Herrscher wenig an sich haben, was sie volkstümlich machen könnte; dazu müssen sie erst tot sein, der Soldatenkönig wie sein Sohn. Sind sie populär, wenn denn das Populär-Sein sich überhaupt mit dem König-Sein verträgt? Lief es bei Friedrich auf mehr hinaus als auf Scheu und Staunen und wohl auch Ächzen vor dem ständigen Kriegführen? Friedrich Wilhelm, dem Dritten des Namens, kommt das Mitleid über das Unglück zu Hilfe, das ihn so oft getroffen, zuerst als König, dann als liebenden Mann. Es dauert die Berliner, wie er in Charlottenburg, in Paretz oder eben auf der Pfaueninsel sitzt und sich überall mit Gedenksteinen an Luise umgibt, »Luisentempel« in ganz Preußen. Nein, man zieht den Hut oder schwenkt die Mütze, wenn der König die Linden herunterreitet.

Potsdam ist kein Paris, wo es alle zehn Jahre Aufruhr gibt. Seit man Ludwig köpfte, hat man da jetzt schon den vierten Herrscher, allen zugejubelt, alle davongejagt, Bourbonen, Bonapartes, wieder Bourbonen, dann Orléans; gleich werden wieder die Bonapartes an der Reihe sein. Dann aber ist ein für allemal alles zu Ende, kein König in Frankreich mehr.

Daß dergleichen in Preußen geschieht, ist undenkbar. Und doch kommt es so, kommt fast noch schlimmer.

Die Nacht des 20. März 1848 ist kühl, aber klar. Hinterher werden sich die Reisegefährten des Prinzen von Preußen, Bruder des kinderlosen Friedrich

Wilhelm IV., übereinstimmend erinnern, daß »wundervoller Mondschein« über Spandau gelegen hat, als der Thronfolger sich mit wenigen Begleitern aus dem aufständischen Berlin in die Zitadelle rettete. Die brennenden Artilleriewagenhäuser, Fanal der Erhebung auch hier, warfen ihren Widerschein auf das vom leichten Wind gekräuselte Wasser der sich verzweigenden Havel.

Darüber, wie dem Prinzen die Flucht aus dem alten Hohenzollern-Schloß zu Berlin gelungen ist, gehen später die Berichte auseinander. Sicher ist, daß er in der Nacht des 19. März durch eine Seitentür das Schloß verlassen und keine königliche Equipage, sondern eine »Mietskutsche« genommen hat, um auf Umwegen zum Brandenburger Tor zu gelangen, wobei ihm der Seidenwarenhändler Meyer behilflich war.

Hat der Prinz tatsächlich Mantel und Mütze eines Lakaien getragen, und Augusta, die Prinzessin, einen Männerpaletot? Jedenfalls verbirgt sich das Flüchtlingspaar für ein paar Stunden im Haus des Geheimrats von Schleinitz draußen vor dem Potsdamer Tor in abgelegener Gegend, um sich mit den Kleidern des verstorbenen Stiefvaters der Frau von Schleinitz auszustaffieren. Hier erreicht Wilhelm die Nachricht, daß die aufgebrachte Menge das Schloß Monbijou zu stürmen und niederzubrennen gesucht hat. Niemand weiß mehr, wer im letzten Augenblick das Schild mit der Aufschrift »National-

Eigenthum« am Palastgitter angebracht hat, woraufhin die Leute tatsächlich davonzogen.

Aber es soll doch abgerissen werden, genau neun Jahrzehnte später. Hitlers Architekt Albert Speer will es Stein für Stein abtragen, da es seinem Neubau der Welthauptstadt Germania im Wege steht. Kann man sich denken, wo der Verehrer Schinkels, gegen die Meinung Hitlers, der den Charlottenburger Schloßpark im Auge hat, Schloß Monbijou wieder aufstellen will? Genau gegenüber der Pfaueninsel am Ufer der Havel. Nicht weit davon will er das nie gebaute Meisterwerk des vierundzwanzigjährigen Gilly, den Denkmalstempel für Friedrich den Großen, auf eine Haveldüne stellen, eine Akropolis in den Kiefernwäldern. Das Modell ist schon gebaut, Speer zeigt es Hitler. Da bricht der zur Eroberung der Welt auf. Soll man glücklich sein, daß es zu dem Bühnenkunststück nicht gekommen ist?

Masse ist empfänglich für Stimmungen und Parolen; Ideologie nicht. Aufs Jahr genau ein Jahrhundert später, 1948, soll wieder ein Schloß niedergelegt werden und wird schließlich auch auf neuzeitliche Weise geschleift, nämlich gesprengt. Als Ulbricht die Beseitigung des Linden-Schlosses, der »Hohenzollern-Zwingburg«, verlangt, versucht Liebknecht, der Bruder von Rosa Luxemburgs Liebknecht, das von Bomben und Granaten nur mäßig beschädigte Schloß zum »Volks-Eigentum« zu proklamieren, weil nicht Junker, sondern Maurer und Zimmerleute es gebaut hätten. Ohne Erfolg, wenige Wochen später rücken die Sprengkommandos an.

Damals aber, im März 1848, geht es glimpflich aus. Das Palais bleibt stehen, und der Prinz gelangt wohlbehalten nach einer Fahrt auf Umwegen durch die nächtlichen Straßen Spandaus in die verteidigungsbereite Zitadelle. Dann tragen sechzehn Mann eine eichene »Schaluppe« zum Wasser, und unter dem Kommando zweier wildkostümierter Offiziere rudern zwei als Fischer verkleidete Soldaten des Garde-Reserve-Regiments den schweren Kahn, schußbereite Pistolen unter den Jacken, vom Wallgraben aus havelabwärts.

Fast wäre die Flucht schon gescheitert, noch bevor sie begonnen. Unter einer Brücke über die hier kanalartig verengte Havel sperrt ein mit Ketten an beiden Ufern befestigter Balken die Weiterfahrt, während oben Wachen patrouillieren. Aber einer der Ruderer gleitet lautlos ins Wasser, und es gelingt, die Sperre so weit unter das Wasser zu drükken, daß das Boot mit scharrendem Kiel darüber gleitet. Endlich ist die offene Fläche der sich hier seenartig weitenden Havel gewonnen, und von Pichelsdorf her werden Lichtsignale deutlich. Der Prinz und die Prinzessin warten in ihrem Wagen hinter einem Gebüsch. Eine Bohle wird hinübergeschoben, und der zukünftige König Preußens und Deutsche Kaiser steigt auf dem schwankenden Steg ins rettende Boot. Die Fahrt geht zur Pfaueninsel.

Paretz *Wilhelmine Enke, Favoritin Friedrich Wilhelms II., hatte nie im Pfaueninsel-Schlößchen gelebt, für das sie mit dem König zusammen alle Einzelheiten entworfen hatte; zu früh war ihr lebenslanger Freund gestorben. Prinzessin Luise hatte die »enge Pfauen-Behausung, wo bekanntlich die Mauern von Papier sind und jeden Seufzer verräterisch seinen Nachbarn hören läßt«, nie gemocht. So hatte ihr der Kronprinz, bald als Friedrich Wilhelm III. auf dem Thron, das alte Schloß Paretz weiter im Norden am Wasser gekauft und 1796-1800 von David Gilly zu einem ländlichen Schloß umbauen lassen. Dort wollte der König ein »Schulze« sein und die Königin »gnädige Frau« genannt*

werden; alles Zeremoniell war untersagt. Nur einmal, ein halbes Jahrhundert später, trat Paretz in die wirkliche Geschichte ein. Der neue König Friedrich Wilhelm IV. suchte hier während der Revolutionstage von 1848 für mehrere Wochen Zuflucht. Bis in das Frühjahr 1945 hinein wurde im Arbeitszimmer des Königs auch der Tisch gezeigt, auf dem Friedrich Wilhelm zwei Jahre später die dem Landtag widerwillig gewährte Verfassung für Preußen unterschrieb. Paretz war ein Trianon in der Mark, bis die ostdeutsche Regierung alle Türen, Fenster, Möbel und Tapeten herausreißen ließ, um den Sitz eines Agrarkombinats daraus zu machen.

Gemälde von Barth

Klein-Glienicke *Prinz Carl, der jüngste Bruder Friedrich Wilhelms IV., läßt nach 1825-28 von Schinkel im biedermeierlich-bürgerlichen Klassizismus das Schloß Klein-Glienicke errichten, gleich gegenüber dem alten kurfürstlichen Lustschloß Glyncken. Während der Revolution von 1848 läßt sich von hier Prinz Carl zu seinem geflüchteten Bruder Wilhelm auf die Pfaueninsel rudern, wo sie gemeinsam beratschlagen, ob man mit der Garnison von Potsdam auf Berlin marschieren soll. Aber der königliche Bruder*

will besänftigen und schickt Prinz Wilhelm, den »Kartätschen-Prinzen«, ins Exil nach England. Der Prinz flieht unter fremdem Namen und in Zivilkleidern nachts an Potsdam vorbei und gelangt durch das aufständische Mecklenburg schließlich nach Hamburg und von dort an Bord der englischen Brigg »John Bull« ins sichere London.

Lithographie von Schulin
nach einer Zeichnung von Henning, um 1830

Schloss Lindstedt *Was dem Vater das Gutshaus von Paretz gewesen war, sollte für Friedrich Wilhelm IV. das kleine Schloß Lindstedt sein, der letzte und kostbarste seiner Bauten. In seinen letzten Jahren kam der König auf seine frühesten Träume zurück. Nachdem er seiner Gemahlin, der Wittelsbacher Prinzessin Elisabeth, ein »Bayerisches Haus« in die Mark gebaut hatte, wollte er sich selber mit einer »Villa« die Erinnerungen seiner Italienreisen heraufrufen. Was hätte die zierliche Villa sein sollen – ein Musenhof nach dem Muster von Sanssouci, ein Tusculum in der*

Manier des Ruinenschlößchens, ein Paretz inmitten von Rüben- und Kartoffeläckern? 1858 plante und zeichnete er mit dem Baurat von Arnim das kleine Haus am schattigen Fußweg vom Neuen Palais zum prächtigen Katharinenholz, 1859 wurde der Bau begonnen, 1860 fertiggestellt. Aber 1858 schon umnachtete der König, im Januar 1861 starb er. Nicht einen der erträumten Sommermonate verbrachte er hier über seinen religiösen Büchern und architektonischen Entwürfen. Aquarell von C. Graeb, um 1870

BABELSBERG *Eben erst hatte schräg gegenüber der Pfaueninsel Schinkel für Prinz Carl das Schloß Klein-Glienicke und für dessen Bruder Friedrich Wilhelm in den Park von Sanssouci 1826-29 das Schlößchen Charlottenhof gebaut; jetzt läßt sich Prinz Wilhem von Schinkel, Stüler und Strack Schloß Babelsberg im englischen Tudor-Stil errich-*

ten (1835-49) – so hoch über dem Wasser, daß man nach Potsdam und zur Pfaueninsel hinübersehen kann. Hier wird er, zur Abdankung entschlossen, 1862 Bismarck zum Ministerpräsidenten berufen. Holzstich um 1850

Nachher gibt jeder einen anderen Bericht über die zwei Stunden von Pichelsdorf an Gatow vorbei zur stillen Zuflucht auf der Insel der Favoritin und der Königin. Niemand weiß, was an der Erzählung ist, daß vom Großen Fenster her ein Boot mit Verfolgern in See gestoßen sei, dem sich die Flüchtlinge nur durch lautloses Verharren im Schilf hätten entziehen können. Nur etwas ist sicher: daß in einer dieser Nächte ein russischer Berufsrevolutionär namens Bakunin auf der Schwesterinsel Schwanenwerder, damals noch durch keinen Damm mit dem Festland verbunden, »mit ein paar Dutzend Schwarmgeistern« am Lagerfeuer sitzt, um einen ganzen Hammel zu braten und einen kommunistischen Idealstaat zu gründen.

Übrigens werden eines Tages nicht weit von der Stelle, wo die Genossen des Bakunin von der Niederbrennung aller Schlösser schwärmen, demnächst tatsächlich Reste eines Schlosses aufgestellt. Während des Aufstandes der Commune wird das Tuilerienschloß, von dem aus Napoleon Europa beherrschte, zerstört, und eine seiner Säulen wird hier am Eingang zum Schwanenwerder zur Mahnung an die Vergänglichkeit aller Macht aufgestellt. Da steht sie nun noch heute und hat nichts mehr zu mahnen und zu warnen, denn alle Macht ist längst dahin.

Damals machen gegen drei Uhr am Morgen der Prinz, der Preußens Glanz zu Deutschlands Macht weiten wird, und die Prinzessin an überhängenden

Weidenzweigen fest, bis aus dem Dunkel der königliche Fährmann Kluge, der das Übersetzen zu besorgen pflegt, auftaucht und die Flüchtigen beruhigt, daß die Insel in der Frühlingsnacht schläft.

Später hat man es nicht mehr wahrhaben wollen, in welchem Aufruhr das ganze Land sich befand. Nur der hauptstädtische Pöbel habe sich zusammengerottet und einige verführte Handwerksgesellen und Studenten. Prinz Fritz, der Sohn des Flüchtlings, der spätere Kaiser Friedrich III., weiß sogar, daß alles »von Juden, Polen und Franzosen« angezettelt worden ist, wofür er einen Beweis zur Hand hat. Die Barrikaden in Berlin sind so »blitzschnell« gebaut worden, daß alles von langer Hand vorbereitet gewesen sein muß.

Aber keine Rede davon, ganz Preußen ist in Aufruhr, das flache Pommern vielleicht ausgenommen. Die Flüchtlinge selber wissen es am besten. Die Schaluppe wird ins tiefste Schilf geschleppt, dann voll Wasser geschöpft und mit Steinen beschwert; keine Spur darf verraten, daß der verhaßte Kartätschenprinz, dem das Volk zu Unrecht den Befehl zum Feuern zuschreibt, sich hier verborgen hält. So nimmt man auch nicht im Ruinenschlößchen Unterkunft, sondern im einfachen Haus des Hofgärtners Fintelmann, dessen Töchter am Nachmittag die Tanzstunde in Potsdam verlassen haben, als sich in der Stadt die Nachricht verbreitete, in Berlin sei die Revolution ausgebrochen.

Zwei Tage und zwei Nächte verbringen der Prinz

von Preußen und Prinzessin Augusta auf der Pfaueninsel, deren Schutz inzwischen Gardejägern übertragen worden ist, die sich in Kirche und Blockhaus Nikolskoje verborgen halten. Nachts sitzt man bei abgeschirmten Windlichtern, die Fintelmanns suchen dem Flüchtling, dessen Geburtstag gerade auf diesen Tag fällt, mit »Kalbsbraten und Pudding« ein kleines Festmahl zu bereiten. Kuriere kommen von Moorlake und Sakrow her, einmal kommt der Bruder Carl, jener, der sich Schloß Klein-Glienicke von Schinkel und das Forsthaus Moorlake von Persius hat bauen lassen, mit einem Boot herüber, um mit Wilhelm zu beraten, ob man gegen den Befehl des Königs mit der Garnison von Potsdam auf Berlin marschieren soll.

Aber Friedrich Wilhelm will das Volk besänftigen; es ist eine Bürgerdeputation angekündigt, die die Entfernung des Prinzen Wilhelm vom Hof verlangen werde, und er bestätigt die Anordnung, daß der Bruder sich nach England in Sicherheit bringen soll, offiziell als Überbringer einer Königlichen Botschaft. Aber das rechte Geld ist zur rechten Stunde nicht da. Moritz Cohn, der Privatbankier, schafft es herbei, in preußischer und englischer Währung. Als Wilhelm nach der Umnachtung seines Bruders Prinzregent wird, ernennt er den Baron von Cohn dankeshalber zum Hofbankier, und als er dann König ist, macht er ihn sogar zu seinem Schatullenverwalter, die Erinnerung an die Flucht hält vor und die Dankbarkeit auch.

Noch eine Nacht, und wieder kommt ein Kahn und bringt den Prinzen zu dem Anlegeplatz am Maschinenhaus in der Nähe der Glienicker Brükke, wo der unauffällige und noch dazu halb verdeckte und, der Täuschung wegen, mit Ackerpferden bespannte Wagen des Hofgärtners auf ihn wartet, um ihn in weitem Bogen um Potsdam herum an der Kolonie Alexandrowka vorbei in Richtung Nauen zu bringen. Überall will der König besänftigen. Die »trikolore Flagge«, das revolutionäre Schwarz-Rot-Gold, die überall aufgezogen wird, weht auf Geheiß des Monarchen über dem Schloß. Selbst in Potsdam gibt der General von Wussow den Befehl, die preußischen Farben über dem Marmorpalais, über Babelsberg und Glienicke einzuholen und das Zeichen des Aufruhrs zu setzen.

Überall wird der Prinz gejagt, selbst im Mecklenburgischen, wo er sich in Sicherheit wähnte, ist der mit falschem Paß Reisende in Gefahr, von der wütenden Menge erkannt zu werden; mitunter muß er querfeldein über die Wiesen flüchten, da die stillen Chausseen zu unsicher sind. In Hagenow erreicht man die Bahn, und in die Ecke des Abteils gelehnt, ein Schlapphut schirmt das Gesicht, reist er, nein: flieht er nach Hamburg. Aber auch dort hat sich das Gerücht verbreitet, der verhaßte Prinz müsse jede Stunde in die Stadt kommen, und so verläßt Wilhelm in Bergedorf den Zug, um auf Umwegen an Bord der englischen Brigg zu gehen, die den Namen »John Bull« trägt. Erst als die Elbe hinter ihnen liegt und das offene Meer erreicht ist, gibt sich der kommende Sieger von Sedan als Prinz von Preußen, Bruder des Königs und Thronfolger zu erkennen. Vergeblich wird ihn sein Enkel »Wilhelm der Große« nennen.

Vorläufig ist dies das letzte Mal, daß die Insel in die Geschichte kommt. Sie wird wieder, was sie zuvor gewesen, ein Platz für königliche Gäste und ein Ort für Ausflügler. Der Zar kommt, und sein Schwager, König Friedrich Wilhelm IV., gibt ihm jenen Abend im Mondlicht, wo Demoiselle Rachel den Racine deklamiert. Der Großherzog von Baden kommt, der eine Tochter Wilhelms geheiratet hat, der übrigens bald seinem Bruder auf dem Thron folgen wird. Fast alle sind sie miteinander verwandt, irgendwo ist immer deutsches Blut dabei, nicht nur im Hause Romanow, sondern auch im Hause Hannover, das bald Sachsen-Coburg und Gotha wird, 1917 seinen deutschen Namen loswerden will und sich nach seinem Schloß »Windsor« nennt.

Jetzt aber steht man auf bestem Fuße mit seinen deutschen Vettern und ersetzt ihnen die leckgewordene Pfaueninsel-Fregatte durch ein neues und prächtigeres Schiff. Auch noch der allerletzte Hohenzoller wird auf der Pfaueninsel ein Essen geben, das durch ein so heftiges Gewitter unterbrochen wird, daß der Kaiser und seine Gäste an die Tür treten, um dem Naturschauspiel zuzusehen.

Vor allem die Künstler kommen. Der alte Schadow macht mit Kunstfreunden eine »Herrenpartie«

auf die Insel, wovon reizende Zeichnungen existieren. Blechen malt auf persönlichen Wunsch des Königs gleich zweimal dessen Palmenhaus, und dann kommt Menzel. Ganz zum Schluß wohnt Liebermann nicht weit von hier am Ufer einer Havelausbuchtung in jenem Haus mit den Rosenrondellen und den weißen Birkenstämmen, die er so oft malen wird.

Aus dem alten Preußen ist inzwischen das deutsche Reich geworden, die behagliche Residenz Berlin ist eine Millionenstadt, gerade schickt sie sich an, eine europäische Metropole zu werden. Hier draußen aber ist alles Idylle geblieben, mehr als zuvor sogar. Der König schenkt seine »Menagerie« dem Zoologischen Garten, keine Giraffen und Gazellen gibt es mehr auf den Wiesen.

Da, eines Nachts steht wieder Flammenschein über der Insel. Niemand weiß, wie es gekommen ist, keine Kommission findet den Hergang heraus. Das Palmenhaus, der Nachwelt wichtiger durch Schinkels Architektur als durch des Königs tropische Bäume, brennt bis auf die Grundmauern nieder, obwohl von überall her Feuerwehren zur Stelle sind. Noch einmal steht eine Flammensäule hoch über dem schilfigen Dickicht, diesmal kann man den Funkenflug von Potsdam bis zum Wannen See sehen, der einsam in Kiefern liegt.

Zehn Jahre später wird da die »Villenkolonie Wannsee« entstehen, denn der Tiergarten liegt inzwischen inmitten der Stadt. Messel und Grisebach und Muthesius werden hier die Sommerhäuser für die Unternehmer, Bankiers und Künstler der Kaiserstadt bauen, den Kommerzienrat Arnold, den Major Reclam, den Generaldirektor Oppenheim, den Hofmaler Anton v. Werner, den Verleger Julius Springer. Sie werden nicht lange dastehen, dann werden die Villen nach dem zweiten Weltkrieg abgerissen. Die Enkel kennen weder die Namen der Besitzer noch die der Architekten, fremd sind sie ihnen wie Friedrich Wilhelm und Wilhelmine.

Der König hatte nur ein Glashaus haben wollen und in einer »Kabinettsordre« genaue Anweisung gegeben, es müsse so construieret werden, daß es sich bei angemessener Temperatur im Sommer gänzlich öffnen lasse; wie das aussähe, interessierte ihn nicht sonderlich. Schinkel aber griff den Baugedanken auf, den er schon bei dem geplanten Kaufhaus Unter den Linden entwickelt hatte, das dann nicht zustande gekommen war. Er entwarf ein Rastersystem aus genormten Elementen, aus dem sich das Haus »zusammensetzen« ließ, ein luftiges und zugleich strenges Gebilde, der erste Glaspalast, zwanzig Jahre vor Paxtons berühmtem Londoner Bau.

Das zartgliedrige Gestell, leider aus Holz und nicht aus Eisen gefertigt, ist geradezu ein Scheiterhaufen; es gibt kaum Rauch, wie aus einem Schlund schlagen die Flammen in den nächtlichen Himmel, das Meisterwerk verzehrend, das eine neue Epoche der Baukunst angekündigt hatte, die »Moderne«, in der Konstruktion zur Form werden wird.

Die Zahlen spielen mit den Ereignissen. Es ist fast genau drei Jahrhunderte her, daß die Glashütten des Kunkel niederbrannten; das war im Mai 1689 gewesen. Als das Palmenhaus Asche wurde, schrieb man den Oktober 1880. Jetzt ist noch einmal ein Jahrhundert vorüber, es ist das Jahr 1986, und ganz andere Brände haben inzwischen ganz anderes zu Asche gemacht. Aus dem Churfürst von Brandenburg war der König von Preußen geworden und aus dem dann der Deutsche Kaiser. Nun gibt es gar nichts mehr, keine Hohenzollern mehr, kein Preußen und kein Deutsches Reich.

Nur die Pfaueninsel ist noch da, für Fontane »mehr Feen- als Pfaueninsel«. Aber sie liegt fast im Niemandsland. Bojen markieren in der Flußmitte die Demarkationslinie zweier Weltmächte, man tut nicht gut daran, sich unter Segeln zu nahe daran zu wagen, denn bei Flaute kann es geschehen, daß man hinübertreibt und dann findet man sich plötzlich im Gewahrsam des Sozialismus.

Auf der Brücke, die Glienicke mit Potsdam verbindet und über die der Kurfürst zur Jagd ritt und dann der Prinz floh, verkehren nur noch sowjetische und amerikanische Militärfahrzeuge. So lange verband sie die zwei Flußstädte, die eine an der Spree gelegen und die andere an der Havel, weil immer der eine Hohenzoller in Berlin Residenz

PFAUENINSEL 1839 *Das alte Kaninchenwerder ist Mitte des 19. Jahrhunderts zu einem Zaubergarten geworden. Nicht nur das Ruinenschlößchen Friedrich Wilhelms II. und seiner Wilhelmine prägen das Eiland. Der Sohn, der Gemahl der Königin Luise, hat ein Palmenhaus dazu gestellt (Bildmitte), das ihm Albert Dietrich Schadow nach Ideen und Zeichnungen Schinkels baute. Dann kommt die Fassade eines gotischen Patrizierhauses hinzu, das, in Teile zerlegt, auf Lastkähnen von Danzig hierher verbracht wird als Unterkunft für die Gäste des Königs. Eine Menagerie beherbergt Tiere aus aller Welt, Bären, Pfauen und Adler, für die Fasanen wird ein eigenes Gebäude, eine »Fasanerie« (rechte Bildhälfte) errichtet. Am Steg liegt die Königliche Fregatte, ein Geschenk der britischen Vettern. Preußen ist nach dem siegreichen Ausgang der Napoleonischen Kriege größer und mächtiger als je, aber das Herrscherhaus liebt Kahnfahrten, Mondscheinpartien und*

Gartendiners. Das Haus Habsburg baut sich am Vorabend des Untergangs 1913 die Hofburg durch Gottfried Semper ins Imperiale; das Haus Hohenzollern will immer mehr Privatheit – erst Rheinsberg, dann Sanssouci, danach das Marmorpalais, dann das Ruinenschlößchen auf der Pfaueninsel, dann Paretz, Lindstedt und Babelsberg und schließlich Cecilienhof.
Unter den Linden führt man das neue Großreich vor, in Großmannsmanier; aber eigentlich drängt man in Villen, Landsitze, Blockhäuser. Nur der letzte Hohenzoller auf dem Thron will Imperator sein, residiert in Potsdams Neuem Palais und in Berlins Stadtschloß. Aber auch Wilhelm II. wird nicht ein einziges neues Schloß errichten; sein Leben wird er am kleinsten aller Plätze beschließen, im Hause Doorn, im holländischen Exil.

C.D. Freydanck: Panorama der Pfaueninsel im Jahre 1839

St. Peter und Paul *Blockhaus und Kirche Nikolskoe sind noch heute ein Dokument jener erinnernden Sympathiearchitektur, die sich das frühe neunzehnte Jahrhundert aus allen Weltgegenden und Epochen zusammenholte. Die Kirche St. Peter und Paul, 1834-37 von August Stüler und Albert Dietrich Schadow entworfen, sollte nach dem Willen des Königs »im russischen Stil« gehalten sein, weil die*

Tochter Friedrich Wilhelms III. und der Königin Luise, Charlotte, den Großfürsten Nikolaus geheiratet hatte, den späteren Zaren. Sonderbar grüßt der Zwiebelturm über die Kiefern auf die glitzernde Havelfläche.

Nach einer Porzellan-Vorlage für die Königlich Preußische Manufaktur von C.D. Freydanck

Blockhaus Nikolskoe *Das nahe der Kirche St. Peter und Paul stehende Blockhaus Nikolskoe, was auf russisch »Nikolaus zu eigen« heißt, entstand schon 1819 und sollte eine Erinnerung an das Petersburger Blockhaus sein, in dem der preußische König mit seinem russischen Schwiegersohn beim abendlichen Zusammensein gemeinsam gefunden hatte, eigentlich lebe man doch »in einem Blockhaus so vergnügt wie in einem kaiserlichen Palast«.*
Alles geht durcheinander in diesen glücklichen Jahrzehnten – das Blockhaus zur Pfaueninsel ist nichts weiter als ein

improvisierter Marstall für das Ruinenschlößchen, das Blockhaus Nikolskoe eine Huldigung an die Wälder von St. Petersburg, und einen Steinwurf weiter flußabwärts das Blockhaus Moorlake, 1845 von Persius für Prinz Carl erbaut, soll wiederum an Schweizer Berghäuser gemahnen. Man nimmt sich seine Träume, woher sie immer auch kommen – griechische Tempel, russische Zwiebelkirchen, Schweizer Berghäuser.

Lithographie von L.E. Lütke, um 1840

Heilandskirche am Port *Die Sakrower Kirche, einst »Heilandskirche am Port« genannt, weil hier in der Bucht zum Jungfern-See bei Unwetter die Havelschiffer Zuflucht suchten, liegt heute in absurder Lage im Niemandsland. Vom Osten, auf dessen Ufer sie liegt, durch Mauer und Drahtgitter getrennt, vom Westen, von wo aus sie einzig sichtbar ist, durch Warnbojen in der Havelmitte abgeschnitten, ist sie von keiner Seite aus mehr zugänglich. Der spätklassizistische Bau, den Persius 1841-1844 nach eigenhändigen Zeichnungen des Königs in der Manier der von Friedrich Wilhelm IV. so geliebten oberitalienischen*

Kirchen mit freistehendem Kampanile errichtet hat, soll an eine frühchristliche Basilika erinnern – ein italienisches Gotteshaus auf dem Sande der Haveldünen.
Alles hier ist Geschichte, gibt Reminiszenzen an die Dynastie und deren Baumeister und an die Dichtung der hugenottisch gefärbten Mark. In Sakrow steht noch heute das 1800 im klassischen Stil umgebaute Barockschloß, das einst dem Vater des Dichters Friedrich de la Motte Fouqué gehörte.

Nach einer Porzellan-Vorlage für die Königlich Preußische Manufaktur von C.D. Freydanck

POTSDAM VON GLIENICKE AUS *Alles ist am Ufer der Havel auf Blickweite angelegt: Vom gläsernen Pavillon auf dem Dach des Marmorpalais' sah Friedrich Wilhelm II. zu seinem Pfaueninsel-Schlößchen hinüber; Prinz Carl konnte vom Schloß Glienicke zu seinem älteren Bruder Wilhelm, dem späteren Kaiser, nach Schloß Babelsberg hinschauen; von der Pfaueninsel aber sah man alles, hier St. Peter und Paul, die Kirche von Nikolskoe, und auf dem anderen, dem östlichen Ufer, die Heilandskirche von Sakrow, hinter der das Schloß der de la Motte Fouqué lag.*
Am schönsten war der Blick von den Anhöhen über Prinz Carls Schloß Glienicke nach Potsdam hinüber, von wo nicht nur die Türme der barocken Garnisonskirche her-

überwinkten, sondern auch die Kuppel von Schinkels Nikolai-Kirche. Hoch oben auf dem Hügel über Sanssouci aber sah man die künstlichen Ruinen, die Friedrich um das Bassin für die große Fontäne in Sanssouci hatte bauen lassen.

Wenn irgend etwas italienisch war im alten Deutschland, so waren es nicht die sonnenbegünstigten Mauern von Ludwigs Propyläen und Walhalla, sondern die Kunstwelt der Hohenzollern am waldumstandenen Flußlauf der Havel.

Nach einer Porzellan-Vorlage für die Königlich Preußische Manufaktur von C.D. Freydanck

Cecilienhof *Das letzte Schloß, daß sich das tausendjährige Geschlecht der Hohenzollern baut, wird traurig in die Geschichte eingehen. Wilhelm, der letzte Kronprinz des deutschen Reiches, läßt es sich 1913-1914 nach Plänen des jungen Architekten Paul Schultze-Naumburg im Fachwerkstil englischer Landsitze bauen und nennt es, als die letzten Stukkaturen und Holzschnitzereien Joseph Wakkerles 1917 fertig sind, nach seiner Gemahlin »Cecilienhof«. Es ist nur eine kurze Weile, bis Krieg, Reich und Thron verloren sind. Der um eine Kette von Innenhöfen gruppierte*

behagliche Bau am Ufer des Jungfern-Sees im Neuen Park wird keine Feste verschwägerter Monarchen mehr sehen. Stalin wird hier, sekundiert von den Regierungschefs Großbritanniens und der Vereinigten Staaten, die Zerschlagung des Deutschen Reiches notifizieren und die Abschaffung Preußens. Der von der Roten Armee eingesetzte Satellitenstaat richtet den Bau, der mehr fürstliches Landhaus als kaiserliches Schloß ist, dann zu einer »Nationalen Gedenkstätte« für den Untergang des Deutschen Reiches her. Holzschnitt (Höfer), 1973 nahm und der nächste dann in Potsdam, und so im Wechsel durch die Jahrhunderte. Jetzt macht sie nur noch von sich reden, wenn hier, hundert Ruderschläge von der Pfaueninsel, Spione ausgetauscht werden oder amerikanische Agenten gegen russische Dissidenten.

Vorher aber erlebt die Insel noch einmal ein glanzvolles Fest, das glanzvollste von allen. Aber es ist nicht mehr der Feenzauber orientalischer Nachmittage und preußischer Gartensoupers, sondern die Inszenierung von Regisseuren ganz anderer Art.

Am 15. August 1936, zum Abschluß der Olympischen Spiele, laden die neuen Herren Deutschlands zu einer Italienischen Nacht. Nicht nur die Söhne Mussolinis kommen, sondern auch der König von Bulgarien, die Kronprinzen von Italien, Schweden und Griechenland, der Herzog von Hamilton, Lord Vansittart, Lady Londonderry, insgesamt eintausend Gäste, die Reichsregierung und das Internationale Olympische Komitee sind nahezu vollständig vertreten. Der amerikanische Botschafter Dodd geniert sich, Göring und Goebbels, den Mördern von Schleicher und Klausener und Röhm, die Hand geben zu müssen; der französische Botschafter André François-Poncet aber fühlt sich an den Fürstentag von Erfurt erinnert, als Napoleon 1808 die gekrönten Häupter Deutschlands um sich versammelte. Ziemlich genau zehn Jahre später wird François-Poncet als Hochkommissar in das besetzte, geteilte und amputierte Deutschland zurückkehren.

Pioniere hatten eine »Schiffsbrücke« zur Insel geschlagen; als die Gäste kamen, bildeten sie mit präsentiertem Ruder Spalier. In Girlanden hängen über der ganzen Insel Lampions zwischen den Bäumen. Schwärme junger Mädchen in Kostümen des fünfzehnten Jahrhunderts dienen als Pagen, elfenhaft tanzt das Ballettkorps der Oper auf einer Plattform unter den Bäumen, nur vom Licht lodernder Fackeln aus dem Dunkel geholt. Fast scheint, sie tanzten auf einem Floß im Wasser, das von Schwänen gezogen wird. Die weiter entfernt sitzen, schwören nachher, es sei so gewesen. Dann kommen »griechische und viktorianische Darbietungen«, der Glanz der preußischen Staatstheater auf dem Rasen für eine Sommernacht.

Die Gäste sind noch müde von den Festen der letzten Tage. Das Neue Reich hat sich der Welt als ein unaufhörlicher Reigen von Festivitäten präsentiert. In Dahlem gab es ein Gartenfest von Ribbentrop, wo der Champagner wie Bier ausgeschenkt wurde; der italienische Botschafter machte Bemerkungen über das Gehabe der Nouveaux riches. Das Tollste war der Empfang Görings gewesen. Der zweite Mann des Reiches empfing in seiner Ministerwohnung in einem Spielzeugdorf mit regelrechten Bauernhäusern, Scheunen und einer Kirche, in die man hineinkriechen konnte. Auf dem

Dorfanger war ein Jahrmarkt aufgebaut, und der Schöpfer der neuen Luftwaffe, übrigens ist er der Herr der Schutzhaftlager, hatte in seiner ganzen Leibesfülle auf einem Holzpferdchen gesessen und war so lange Karussell gefahren, daß er hochrot wurde und außer Atem kam.

Was ist das für eine Gewaltherrschaft, die spielt? Allen voran Hitler, der seine Welthauptstadt schon als Modell aus Sperrholz und Pappe so groß hat bauen lassen, daß man unter den Alleen spazierengehen kann, um ab und zu ein Stück der Straße hochzuklappen, so daß das Auge vermeint, inmitten der vorläufig doch nur in der Vorstellung existierenden Kapitale zu sein? Dann werden Siegestore und Triumphbögen künftiger Kriege hin- und hergeschoben, die spätere Wirkung berechnend. Ein Dschingis-Khan, der mit Bauklötzen spielt.

Aber vielleicht hat ja die ganze Veranstaltung dieses Reiches etwas von einem schaurigen Kinderspiel an sich, einem Hinter-die-Schule-Laufen. Möglicherweise spiegelt diese Verkleidungssucht des Regimes, das einen »Reichsbühnenbildner« eigens zur Erfindung von Uniformen beschäftigt, diese Versessenheit auf nächtliche Feiern mit Lichtdomen und Fackelhorizonten, nicht nur die Narretei Hochgekommener, sondern das mörderische Indianerspiel, auf das alles am Ende hinausläuft.

Auf dem Weg vom »Reichssportfeld« zur Pfaueninsel sind die Gäste an Autokolonnen der Luftwaffe vorbeigekommen, die nach Döberitz fahren; erstaunt hat man sich gegenseitig angesehen. Es sind jene Bomberbesetzungen, die in diesen Tagen nach Spanien aufbrechen. Nicht weit von hier liegt Oranienburg, dessen Name an die Zeiten erinnert, da die Oranier und die Hohenzollern auf vielfältige Weise miteinander verschwägert waren; eben erst ist dort ein Konzentrationslager geschlossen worden, aus dem grausige Einzelheiten zu den Botschaftern von Paris und Washington gedrungen sind. Der neue Herr der Lagerwelt aber, Heinrich Himmler, der jetzt auf dem Rasen der Pfaueninsel sitzt, läßt im Dom zu Braunschweig das Gebein Heinrich des Löwen freilegen und sagt im Fackelschein, der die Gruft erhellt, daß man das vor einem Dreivierteljahrtausend Abgebrochene fortsetzen muß: das alte Siedlungsland »der Goten« weit hinter Polen im Osten wieder in Besitz zu nehmen. Es ist absurd, aber es kann einem gruselig werden.

Kurz vor Mitternacht beginnt das Feuerwerk, Goebbels als Gastgeber will, daß es das größte wird, das die Welt je gesehen. Tatsächlich steigen die Raketen so hoch in den nächtlichen Himmel, daß die Menschen auf den Straßen und Plätzen Potsdams stehen und über die dunkle Wasserfläche zur Insel blicken. Aber man übertreibt es; es ist zwar imposant, aber nicht auf die gewünschte Weise. »Die prasselnden Raketen machten den

Eindruck eines gewaltigen Artilleriefeuers«, schreibt François-Poncet in sein Notizbuch, und Dodd notiert, daß sich »viele Leute über diese Form von Kriegspropaganda beschwerten«. Der Lärm der Explosionen erschüttert den Erdboden. Alle Welt hat Assoziationen.

Als man das nächste Mal Detonationen auf der Pfaueninsel hört, war der Krieg längst gekommen und dauerte nun schon sechs lange Jahre. Jetzt sind es nur noch ein paar Tage, bis alles zu Ende ist. Erst waren die Siege gekommen und dann die Niederlagen, weit weg waren die Fronten gewesen, weit hinter Bug und Dnjepr an der Wolga; nun waren sie ganz nah, ein einzige Panzerstunde, nicht einmal sechzig Kilometer standen die Russen vor Potsdam. Stadt und Schlösser waren so still über den Krieg gekommen, daß jedermann es für ausgemacht hielt, die Residenz des Preußenkönigs solle Sitz der Sieger sein.

In Berlin zog sich der Einschließungsring immer enger zusammen, nur eine einzige Straße führte noch nach draußen, jene, die zwischen Spandau und Pichelsdorf über die Havel führt. Alles konnte nur noch eine Frage von Tagen sein, der Krieg verloren, das Reich verspielt, aber die Stadt gerettet.

An diesem 14. April 1945 genau um 21.50 Uhr kommen die Bomber. Es ist ein strahlender Frühlingstag, über die Jahreszeit hinaus warm, fast heiß. Die Flüchtlinge aus dem Osten, über den die russische Dampfwalze hingeht, von der man seit einem Jahrhundert gesprochen hat, und die Ausgebombten aus den verbrannten Städten des Westens haben den Tag über auf den Wiesen gelegen, fast hatte es friedlich ausgesehen.

Oben sind zweihundertfünfzig viermotorige Flugzeuge, unten eine Stadt mit dreißigtausend Flüchtlingen und zehntausend Verwundeten, denn die Lazarette sind alle überfüllt, da seit Monaten ja alles auf der Flucht vor der Roten Armee ist. Ganze dreißigtausend Wohnungen hat die kleine Residenzstadt, die so lieblich am Wasser der Havel liegt, daß den amerikanischen Dichter Thomas Wolfe 1936 jene Schwermut überkam, die das Glück gewährt. Das »Bronzegold der Kieferstämme« hätte wie Feuer geleuchtet, schrieb er hinterher über den Tag, als er während der Olympiade von hier nach der Pfaueninsel hinübergeblickt hatte.

Jetzt brennt es tatsächlich. In einem Feuersturm, vergleichbar nur dem Dresdens, geht die Stadt unter, vor der nicht weit die sowjetischen Panzer stehen, um sie in wenigen Tagen zu nehmen. Man verschiebt die Einnahme um zwei Wochen, die Deutschen sollen die deutschen Leichen begraben. Fünftausend Tote findet man nämlich am nächsten Morgen in den verkohlten Ruinen, die historische Altstadt existiert nicht mehr, nicht Knobelsdorffs Schloß, nicht Schinkels Kirche, nicht die Gartenhäuser von Gilly. Zwanzigtausend von dreißigtausend Wohnungen sind unbewohnbar, dreitausendsechshundert nicht mehr auffindbar.

Jetzt erst weiß man, was ein Flammenmeer ist, alles bisher war Kinderspiel, Kunkels Glashütte wie des Königs Palmenhaus. So also sieht es aus, wenn nicht ein Gebäude, sondern eine Stadt brennt: der Himmel verfinstert sich. Keine Rauchsäule mehr, die in den Himmel steigt, sondern der Himmel ist weg, unkenntlich geworden, von Frühlingssonne keine Rede mehr.

Am nächsten Morgen sitzt der alte Pratschke aus Michendorf, der mit seiner Frau und seinem einbeinigen Schwager Schlüter vor den Russen auf die Pfaueninsel geflohen ist, vor dem Bootshaus der königlichen Fregatte. Hier haben die Flüchtlinge Unterkunft gefunden, und gerade bereitet man sich das wenige Gerettete zum Frühstück.

Aber es geht nicht. Es regnet plötzlich. Es regnet Asche. Feine weiße Flocken und rußige Schmiere kommen herunter, süßlich ist der Geschmack zwischen den Zähnen. Man muß unter die Teerpappe des Bootsschuppens zurück. Als man sich am frühen Nachmittag hervorwagt, ist die ganze Wiese, die so viel gesehen hat, mit einer Schicht grauer Asche bedeckt.

Als alles vorüber ist, weiß bei den Siegern niemand mehr, warum man eigentlich noch in den allerletzten Tagen Befehl gegeben hat, zwei Dutzend Städte des längst untergegangen Reiches auszuglühen, wo doch die eigenen Truppen meist schon vor den Toren stehen. Es ging doch gar nicht mehr um Eroberung, nur noch um Besetzung.

Ja, weshalb? Tut man, was man kann, weil man es kann?

Jetzt geht es schnell, aber die Pfaueninsel ist noch nicht aus dem Spiel. Erst kommt die erhoffte Offensive, die alles wenden soll, und sie kommt wirklich zustande. Die 12. Armee, Hitlers »Armee Wenck«, die es eigentlich gar nicht gibt, tritt tatsächlich zur versprochenen Offensive an, zwar nicht um »den Führer herauszuhauen«, wie Bormann verlangt, sondern um den Weg nach Potsdam und Berlin freizukämpfen, der eingeschlossenen Bevölkerung und der eingekesselten 9. Armee General Busses den Ausbruch zu ermöglichen. Im Forst des alten Zisterzienserklosters Lehnin findet noch einmal eine erbitterte Schlacht statt. Keitel, der Hitlers Bunker unter der Reichskanzlei verlassen hat, taucht plötzlich in der Oberförsterei »Alte Hölle« auf, um General Wenck zu bewegen, nun zum Entsatz Berlins durchzubrechen. Aber als sie sich durchgekämpft hat, gibt es wirklich keine Armee Wenck mehr. Notdürftig zusammengestellte Reste zerschlagener Divisionen können sich zwar mit Teilen der Armee Busse vereinigen, Divisionen in Kompaniestärke treffen aufeinander. Alles letztes Aufgebot, auch wenn die Divisionen, die jetzt, in den letzten Tagen des April, die entscheidende

Wende des Krieges bringen sollen, so beschwörende Namen wie »Schill«, »Friedrich Ludwig Jahn«, »Körner«, »Ulrich von Hutten«, »Schlageter« und »Clausewitz« tragen. Aus dem vernichteten Potsdam schlägt sich die Besatzung durch, dann aber zieht man sich kämpfend nach Westen zurück.

Noch ein Bravourstück gelingt. Die Heilstätten von Beelitz, jenem Beelitz, von wo einst der König seinen Jagdschirm, das »Borkenhäuschen«, holte und wo jetzt Tausende von Verwundeten und Hunderte von Krankenschwestern Zuflucht gesucht haben, sind vor einer Woche von den Russen überrannt worden, Tage hindurch Beute für die Sieger. Nun aber gelingt es, in zweitägigen Kämpfen den Gegner zwanzig Kilometer zurückzudrängen und alle Transportfähigen nach Westen zu retten. Dann kämpft man sich nämlich zur Elbe durch, die man am 3. Mai erreicht. Wenck schickt den Reichsfreiherrn Maximilian von Edelsheim, General der Panzertruppen, zu den Amerikanern, um namens des »Oberbefehlshabers der an Elbe und Havel stehenden deutschen Armeen« den Übertritt von etwa einhunderttausend am Elbufer zusammengedrängten Soldaten und Zivilisten zu erbitten. Im Rathaus von Stendal, wo der französische Pfaueninsel-Liebhaber Henri Beyle einst Fourageoffizier war, finden die Verhandlungen statt, während die Russen von Osten her mit wilder Wucht gegen den winzigen deutschen Brückenkopf zwischen Ferchland und Schönhausen anrennen. In Bismarcks Geburtshaus bezieht die Führungsstaffel des Divisionsstabes der Infanteriedivision »Körner« ihren letzten Gefechtsstand.

Nach Stunden wird ein Kompromiß gefunden: bei Tangermünde, Ferchland und Schönhausen wird ein Fährverkehr für die zu den Amerikanern übertretenden deutschen Truppen genehmigt; die kapitulierenden Truppen bringen als Faustpfand kriegsgefangene amerikanische Offiziere mit sich, die man vor den Russen rettete. In das allerletzte Boot steigt General Wenck selber. Die Russen feuern von den Elbdeichen auf den überladenen Kahn; es gibt Schwerverwundete. Aber sie kommen hinüber, Wenck und sein Ia. Es ist der Oberst v. Humboldt, der Urenkel des Freundes jenes Prinzen, der sich in seinem Nachen immer mit der Kleinen zur Pfaueninsel rudern ließ.

Aber das Drama war noch immer nicht zu Ende und es kehrte zur Pfaueninsel zurück. An jenem 29. April, als Wenck bei Ferch die Besatzung von Potsdam aufnahm, erhielten drei junge Männer aus Hitlers Bunker von Bormann und Goebbels den Auftrag, sich durch den russischen Einschließungsring zu schlagen und alles daran zu setzen, das Testament des Führers in den Westen zu bringen, eine Abschrift zum Hauptquartier von Dönitz in Schleswig-Holstein, die andere zum Parteiarchiv nach München oder Gott weiß wohin, denn Bayern war ja längst in amerikanischer Hand.

Gegen Mittag machten sie sich auf den Weg

durch den dreifachen russischen Ring, bei der Siegessäule, beim S-Bahnhof Tiergarten und beim Reichssportfeld, der eine in Wehrmachts-, der andere in SS-Uniform, der dritte in Zivil. In der geisterhaften, ausgebrannten und menschenleeren Stadt, wo jedermann im Keller lebte, gelang es ihnen, an Hauswänden entlang und durch Ruinen hindurch Pichelsdorf zu erreichen, genau jenen Punkt, von wo schon einmal eine Flucht gelungen.

Die drei, Lorenz, Zander und Hitlers Heeresadjutant Johannmeier, denen sich in letzter Minute ein Unteroffizier namens Hummerich angeschlossen hatte, stießen, auch diesmal in lauer Frühlingsnacht, in zwei Booten vom Ufer ab. Sie ließen sich mehr treiben, als daß sie paddelten; von beiden Ufern her drang der Siegeslärm der Russen, Freudenfeuer und Leuchtspurgarben. In den Morgenstunden des nächsten Tages landeten die Boote, die sich im Dunkel aus den Augen verloren hatten, getrennt am Wannseebrückenkopf, der allerletzten Bastion der deutschen Verteidiger, und auf Schwanenwerder. Vom Wannsee aus gelang es ihnen, einen Funkspruch an Dönitz nach Plön durchzugeben, er möge ein Flugzeug schicken, sie brächten das Testament Hitlers. Das gleiche funkte vom Bunker aus Bormann an Feldmarschall Schörner in Böhmen. Den Tag über hielten sich die vier verborgen, als wieder die Nacht gekommen war, vereinigten sie sich auf der Pfaueninsel.

Während sie hier auf das Flugzeug warteten,

machten sich in Berlin drei andere Offiziere daran, den Bunker zu verlassen. Diesmal hatte Hitler selber sie instruiert, den General Wenck, der doch in Wirklichkeit längst auf dem Weg zur Elbe war, zur Eile anzutreiben: die Zentrale des Reiches könne nur noch wenige Tage gehalten werden. Beim Reichssportfeld wurden die drei, Major v. Freytag-Loringhoven, Rittmeister Gerhard Boldt und Oberstleutnant Weiß, von Hitlers Luftwaffenadjutanten, General v. Below, eingeholt. Hitler hatte ihm ein Postskriptum zu seinem Testament übergeben, eine Abschiedsbotschaft an die deutsche Armee. Auch diese vier gelangten auf demselben Weg nach Pichelsdorf und suchten ein Boot, wie alle vor ihnen seit einem Jahrhundert. Schließlich fand sich ein Faltboot, in dem sie sich zur Pfaueninsel treiben ließen.

Dort hatten die ersten vier Testamentsüberbringer vergeblich auf das Flugzeug von Dönitz gewartet. Plötzlich schossen sich die Russen auf die Pfaueninsel ein, deren Bewohner von Sakrow aus sichtbar geworden sein mußten. Als sich das Feuer am 2. Mai steigerte, paddelten sie im Schutz der Dunkelheit zu einem Jollenkreuzer hinaus, der ohne Segel vor Anker lag. In dessen Kajüte suchten sie Schutz, bis zur Dunkelheit.

Am Abend durchbrach das Dröhnen eines sich nähernden Flugzeugs die jetzt völlige Stille; die Russen am jenseitigen Ufer mußten weiter havelabwärts gezogen sein. Es war ein Blohm & Voss-Flugboot, das in jener Nacht noch sieben Verwundete aus der Havel zog und in das rettende Dänemark flog. Auch die vier Männer kletterten aus ihrer Kajüte und paddelten verzweifelt mit zwei Booten zur wassernden Maschine, deren laufende Motoren so lärmten, daß sie sich mit dem Piloten, Oberleutnant Wolfgang Klemusch, nicht verständigen konnten.

Nun geschahen zwei Unglücke: das Boot von Zander kenterte, und während man den Nichtschwimmer zu retten suchte, begannen die Russen, Maschinengewehre auf das dunkle Flugboot zu richten, das allzulange brauchte, Boten und Testament aufzunehmen. Dem Piloten mag die Botschaft aus dem Bunker nicht so wichtig gewesen sein, vielleicht wußte er auch gar nicht, wen oder was er da eigentlich aus dem Wasser ziehen sollte. Jedenfalls, die Motoren heulten auf und die Maschine hob ab. Eine halbe Stunde später gab der Pilot, noch über dem Feuerschein der bei Schönhausen und Havelberg kämpfenden Reste der Armee Wenck fliegend, nach Plön einen Funkspruch durch, auf der Insel kein Zeichen von Leben angetroffen zu haben.

Genau zwanzig Jahre später hat Klemusch dann berichtet, er habe den Johannmeier durchaus schon an Bord gehabt, doch da der sich nicht habe ausweisen können, hätte er ihn zum Verlassen des Flugbootes nötigen müssen. Aber das ist eine Erklärung, aus der nicht viel mehr hervorgeht, als daß die Zurückweisung des Vorwurfs der Feigheit so tölpelhaft sein kann, wie der Mut es gewesen wäre, vier Leben für die Hinterlassenschaft aufs Spiel zu setzen, die das sechsundfünfzigjährige Wrack im nahen Berlin dreißig Meter unter der Erde zu Papier gebracht hatte.

Einer traf tatsächlich niemanden an. Feldmarschall Schörner hatte aus Königgrätz einen Fieseler Storch zu sich nach Dresden befohlen und den Piloten mit genauen Instruktionen zur Pfaueninsel geschickt, wo er unbedingt landen müsse, um wichtigste Dokumente zu retten. Ging es Schörner um Johannmeier mit seinem Testament oder um v. Below mit dem Postskriptum zum Testament? Jedenfalls war die Sache für Schörner wichtig, denn beide Male war darin von seiner Ernennung zum Oberbefehlshaber des Heeres die Rede, das nach Hitlers bevorstehendem Selbstmord führerlos sein würde. So schärfte er dem Oberleutnant Grollmann ein, »pünktlich um Mitternacht auf der Wiese der Pfaueninsel zu landen«.

Grollmann erreichte tatsächlich die Insel und im Gegensatz zu Klemusch schaltete er über den russischen Linien die Positionslichter ein, um für ein sowjetisches Beuteflugzeug gehalten zu werden. Aber das grüne Licht, das ihm den Landeplatz signalisieren soll, leuchtet ihm nicht entgegen; es bleibt alles dunkel bis auf ein mit einzelnen Schlägen ausbrennendes Munitionsschiff, das die Havel entlang treibt, und in der Ferne ist der Himmel blutrot über dem brennenden Berlin, wo sich der

Kampf von Haus zu Haus jetzt der Reichskanzlei nähert.

Die Flüchtigen aus der Bunkerwelt haben gerade die Insel verlassen, die einen zum Strandbad Wannsee hinüber, wo es in diesen Tagen noch einmal zu heftigen Kämpfen kommt, die anderen an Kladow vorbei nach Süden. Sie alle gelangen, wie damals der Prinz, durch alle Einschließungsringe, in den rettenden Westen.

Noch aber kreist der Fieseler Storch eine gute halbe Stunde um die Insel, über dem Schilf und auf Lennés Rasenflächen nach Lichtzeichen Ausschau haltend; oft sucht er unter den Wipfeln der alten Bäume, ob Handzeichen erkennbar werden. Dann wird das Benzin knapp, er dreht ab, und während er unverrichteter Dinge zurückfliegt, sieht Grollmann hinter sich im herandämmernden Tageslicht die schwarze Rauchsäule des ausbrennenden Munitionsschiffes über der Insel stehen, deren Konturen nun aus dem Widerschein der Morgenröte auf dem Wasser deutlicher hervortreten.

Kein Lustgut mehr, kein Zaubergarten, keine Feenwelt mit orientalischen Hängematten, seltenen Vögeln in luftigen Volieren, exotischen Bäumen in Schinkels Glashaus. Nur der letzte in deutscher Hand befindliche Platz zwischen den untergehenden Königsstädten an Havel und Spree.

ABSCHIED VON DER INSEL, DIE MAN VON POTSDAM AUS entdeckt hatte, von wo her sie seit vier Jahrzehnten nicht ein Mensch betreten hat. Selbst der Blick auf sie ist denen verwehrt, die am anderen Ufer leben. Die Mauer geht nicht nur durch das Häusermeer Berlins; auch hier bei Babelsberg und Glienicke zieht sie sich durch Schilf und Weidengebüsch am Saum des Wassers entlang, in dem nicht mehr, wie zu Fontanes Zeiten, zweitausend Schwäne zu Hause sind.

Kein tragischer Ort, die Pfaueninsel; nur ein Ort, wo eine Laune Geschichte an einem Platz zusammenzog. Die Laune von wem? Die Laune eines Prinzen? Die Laune der Geographie, die hier eiszeitliche Ablagerungen in dem Wasser zurückließ, das zwei Residenzstädte trennt und verbindet, denn man kann zu Schiff von Berlin nach Potsdam? Oder wollte sich die Geschichte selbst eine Laune gönnen, vorführen, wie sich das Größte im Kleinsten spiegelt?

Kein tragischer Ort, die Insel »Zu den Pfauen«, das alte »Pauwerder«, nur ein Stück Land, in die Geschichte gefallen. Sie war in der Geschichte und sie ist daraus, wenn man ihr Grenzwächterdasein nicht als ihre erste richtige Begegnung mit der Geschichte nehmen will. So lange hat sie Personen beherbergt, die in der Geschichte waren. Nun ist sie zum ersten Mal selber in der Geschichte.

Nichts Besonderes eigentlich. »So doll ist es nun auch nicht«, hätte Fontane gesagt. Das mit den Borromeischen Inseln ist ja nicht wirklich ernst zu nehmen, dazu fehlt doch viel. Viel eher ist man überrascht, daß hier oben, wo doch sonst alles eher poplig gerät, dergleichen überhaupt möglich.

Nicht nur die Steine sind Ruinen, auch die Geschichte ist Bruchwerk. Es bedarf nicht zierlicher Mauern mit luftigen Guck-ins-Lands, um an die Vergänglichkeit zu mahnen und die traurigen Schauer, die sie gewährt. Alles Überkommene ist Stückwerk, das Geplante wie das Getane.

Aber die Erinnerung zu bewahren macht das Glück aus, bei Fiesole oder bei Kaninchenwerder. Das Gewußte steigert das Gesehene. Natur, wo sich nichts begeben hat, »is nur Jejend«. Sagte das Schadow, oder sagte das Liebermann?

Es sagt der Geist Berlins, das sich in Sand und Wasser seine Feenwelt gestellt hat.

Wolf Jobst Siedler

geboren 1926 in Berlin, Autor und Verleger. 1964 erschien der Band »Die gemordete Stadt«, zwei Jahre später die Essay-Sammlung »Behauptungen«. Gemeinsam mit Ernst Jünger publizierte er 1977 den Band »Bäume«. 1982 erschien die Essay-Sammlung »Weder Maas noch Memel. Ansichten vom beschädigten Deutschland«, 1985 der Bildband »Die verordnete Gemütlichkeit« und 1988 der Band »Wanderungen zwischen Oder und nirgendwo«.

Das Gedicht auf Seite 6 aus Gottfried Benn, Sämtliche Werke, Stuttgarter Ausgabe, Gedichte 2, Stuttgart 1986.
Die Abbildungen vom Stadtschloß Potsdam, von der Pfaueninsel, dem Schloß Klein-Glienicke und von Schloß Babelsberg stammen vom Bildarchiv Preußischer Kulturbesitz; die von der Glienicker Brücke, der Ansicht von Sanssouci und Potsdam, dem Neuen Palais, Cecilienhof und Schloß Lindstedt von der Verwaltung der Staatlichen Schlösser und Gärten Potsdam-Sanssouci; das Bild von Schloß Paretz sowie das Panorama der Pfaueninsel ist aus dem Archiv der Verwaltung der Schlösser und Gärten Berlin-Charlottenburg. Die Abbildungen der Peter- und-Pauls-Kirche in Potsdam, der Heilandskirche in Sakrow sowie die Ansicht von Potsdam über Glienicke entstammen dem KPM-Archiv, Schloß Charlottenburg; das Bild von Nikolskoe liegt bei der Landesbildstelle Berlin.
Die Karte des vorderen Vorsatzes zeigt den Havelraum um 1774 in einem kolorierten Stich. Die Karte des hinteren Vorsatzes zeigt Potsdam mit den Gärten von Sanssouci und den Verzweigungen des Havellaufs in einem kolorierten Druck vom Ende des 19. Jahrhunderts.

Die Warburgs
Odyssee einer Familie
960 Seiten
btb 72029

btb
Aus Freude am Lesen

Ron Chernow

Die Warburgs sind wie die Rothschilds oder Mendelssohns eine der großen jüdischen Familien Europas – Bankiers, Forscher und Mäzene. Chernow beschreibt ihr bewegtes Schicksal zwischen Hamburg, London und Amerika.

»Ein glänzendes, spannendes Werk.«
DER SPIEGEL

Saint-Exupéry
Eine Biographie
670 Seiten
mit zahlreichen Abbildungen
btb 72024

btb
Aus Freude am Lesen

Stacy Schiff

Stacy Schiff setzt sich auf die Spuren eines schwierigen Lebens – und entdeckt einen Menschen, dessen Existenz eine komplizierte, zerbrechliche Mischung aus Heroismus, Einsamkeit und Melancholie war.

»Glänzend geschrieben, hervorragend recherchiert.«
KIELER NACHRICHTEN

Der Winter unsres
Mißvergnügens
Aus den Aufzeichnungen
des OV Diversant
220 Seiten
btb 72057

Aus Freude am Lesen

Stefan Heym

Ein brisantes politisches Lehrstück und ein Beispiel für Mut und Zivilcourage unter den Bedingungen der Diktatur: Stefan Heyms Tagebücher aus der Zeit der Biermann-Ausbürgerung, ergänzt durch bislang unbekannte Stasi-Dossiers, beschreiben auf beklemmende Weise die Mechanismen von Bespitzelung, Psychoterror und Einschüchterung.

Lebenszeit
280 Seiten
btb 72019

Aus Freude am Lesen

Erwin Strittmatter

Kurze Erzählungen, Betrachtungen, Zeugnisse und Auszüge aus Erwin Strittmatters wichtigsten Romanen sind in diesem Lesebuch zusammengefaßt, das einen hervorragenden Einstieg in das Gesamtwerk des Autors bietet. Eines der persönlichsten Bücher des großen Sprachkünstlers und Dichters.